Psicoterapias

Modelos teóricos y expresiones del padecimiento subjetivo. Procesos.

PARA PRINCIPIANTES

Julio Lo Bianco · Eulogia Merle

ERA NACIENTE
Documentales Ilustrados

Psicoterapias para Principiantes®
Julio Lo Blanco - Eulogia Merle
Primera edición - Segunda reimpresión

Director de la serie: Juan Carlos Kreimer

Para Principiantes®
es una colección de libros de
Era Naciente SRL
Buenos Aires, Argentina
www.paraprincipiantes.com

Lo Bianco, Julio
Psicoterapias para principiantes / Julio Lo Bianco ; ilustrado por Eulogia Merle - 1a ed. 1a reimp. - Buenos Aires : Era Naciente, 2012.
176 p. : il ; 20x14 cm. (Para principiantes / Juan Carlos Augusto Kreimer)

ISBN 978-987-555-037-7

1. Psicoterapias. I. Merle, Eulogia, ilus. II. Título
CDD 150

Queda hecho el depósito que prevé la Ley 11.723.

Esta edición se terminó de imprimir en la planta
impresora de Sevagraf S.A., Buenos Aires,
República Argentina, en junio de 2012.

Índice

¿Qué es una psicoterapia?

La psicoterapia es un proceso interactivo que se establece entre una persona que presenta una dificultad que desea superar y un profesional que intenta ayudarlo. El ámbito donde se plantea el problema concierne a sus relaciones con los demás, consigo mismo o al afrontamiento de determinadas situaciones.

Ante un amplio espectro de situaciones vitales, puede ocurrir que la propia conducta se vuelva inapropiada y problemática, convirtiéndose en centro de preocupación y en objetivo de cambio.

Las psicoterapias crean las condiciones, diseñan e implementan procedimientos específicos para posibilitar un cambio constructivo en la conducta.

¿Qué se propone una psicoterapia?

Quienes asocian de modo estricto el término «psicoterapia» a «tratamiento de enfermedades de la mente» emplean un criterio poco afortunado.

Es cierto que existen grupos de conductas que acarrean sufrimiento y que suelen presentarse bajo una apariencia más o menos típica. Pero la propensión cultural a clasificarlas bajo rótulos patológicos, sólo en contados casos aporta utilidad al tratamiento y casi nunca al propio paciente. Distinto es el caso de la psiquiatría, en la que el diagnóstico clínico se inscribe y se encuentra legitimado como «acto médico».

La psicoterapia, más que curar enfermedades, se propone modificar aquellas conductas que producen sufrimiento y de las que el individuo no puede librarse por sí solo.

Los distintos modelos de psicoterapia tienen visiones propias del proceso, los procedimientos y la especificación de los objetivos terapéuticos. Pero mayormente coinciden en el empeño por lograr que el consultante sustituya sus pautas de relación rígidas, perjudiciales y limitativas por otras más flexibles, amplias y productivas.

Antecedentes lejanos de la psicoterapia: el ensalmo

El término psicoterapia remite a «cura a través de la palabra». Ciertos indicios señalan que esta modalidad tal vez haya constituido el intento más antiguo de aliviar un padecimiento. Los textos homéricos mencionan «el **ensalmo**» como arte verbal aplicado a curar, pero es Platón (428-347 a. C.) quien aclara cabalmente su sentido:

Alma, psique, espíritu, mundo interno... son nociones que han buscado localizar un «dolor no físico» susceptible de alivio mediante alguna forma de interlocución. El ensalmo representa una forma sutil que tiene puntos en común con el acto psicoterapéutico.

Antecedentes lejanos de la psicoterapia: la plegaria

En el plano de la fe se encuentra «la **plegaria**». Su forma no es directa, se dirige a los Cielos, y busca los favores de un Dios para mitigar algún dolor de la vida terrena. Puede también apelar a la misericordia de una voluntad superior para que conceda una excepción a un destino de fatalidad o sufrimiento.

También hay curadores que dirigen al paciente palabras y frases con intención sedativa o persuasiva. De acuerdo con algunas modalidades, incluso se le habla a la propia enfermedad. La ciencia se refiere a esta modalidad de invocación como el «decir sugerente».

De manera lógica o irracional, siempre se ha atribuido **poder a las palabras** en cuanto a su capacidad de ejercer influencia sobre el individuo. En el ritual mágico, se llega al extremo de emplearlas con el propósito ilusorio de modificar el curso autónomo de los hechos. En el otro plano, las pruebas más elocuentes de su eficacia las aporta la vida cotidiana: emociones, pasiones, acciones y pensamientos son inherentes a la interacción verbal.

Logos y Mithos

Para la mitología grecorromana, el máximo representante de la medicina académica es **Asclepios** (Esculapio). La leyenda le asigna una singular destreza en el arte de curar, nutrida en las enseñanzas del centauro Quirón.

En otra línea se sitúa **Orfeo,** que remite a una representación de la cura por vía espiritual: a él se atribuye una capacidad de alivio de los males a través de la música y las palabras. Orfeo también es vinculado a la adivinación, el misterio y la iniciación ocultista.

Asclepio representa el «logos» en la cura, y Orfeo al «Mithos».

«Mirada» y «escucha» metafóricamente representan dos modalidades de comprensión y de respuesta frente al padecimiento. La primera es dominante en la medicina y se apoya sólidamente en un saber previo que luego es aplicado al caso en cuestión manteniendo en todo momento la iniciativa. La segunda tiene mayor especificidad en la psicoterapia, al permitir que fluya la palabra del paciente prescindiendo de toda idea previa.

Cuerpo y alma (psique)

En su desarrollo histórico, la medicina clásica tendió progresivamente a separar los conceptos de «cuerpo» –tangible, fácil de estudiar, ámbito específico del «logos» (la razón)– y de «alma» –mucho más sutil y difuso, ámbito de la palabra, del relato, del «mythos»–. La psicoterapia moderna surgió precisamente cuando ese intento tuvo que asumir su fracaso al descubrir hasta qué punto habita uno en el otro.

Antiguamente, y por causa de la separación de dominios, el padecimiento psíquico había sido comprendido con mayor grado de empatía por hechiceros y sanadores que por los representantes de la medicina ortodoxa. Desde luego, esa comprensión distaba mucho de alcanzar un carácter científico, pero al menos le otorgaba un reconocimiento y alguna praxis de valor ritual para su alivio.

La eficacia simbólica

La antropología describe llamativos métodos de curación utilizados por sociedades tradicionales con bajo desarrollo científico-tecnológico. **Claude Lévi-Strauss,** en su célebre artículo «La eficacia simbólica» (1968), expone un caso al que define como «cura psicosomática»: una parturienta en dificultades recibe la asistencia de un chamán. Su intervención consiste en desplegar una serie de ritos que incluyen la representación mitológica de seres y espíritus presentes en el útero de la embarazada que obstruyen el alumbramiento. Finaliza la intervención con la derrota de dichos espíritus.

Lévi-Strauss explica este fenómeno mediante el concepto de «eficacia simbólica». La eficacia de la intervención poco tiene que ver con la existencia real de los supuestos espíritus. La parturienta cree en el poder del chamán y en el valor del rito. Al existir una base cultural de significados compartidos, la escenificación le ofrece una metáfora congruente con la dificultad que sufre y con las concepciones personales y socialmente aceptadas para superarla. Algo semejante ocurre en la medicina actual con el conocido «efecto placebo», donde se obtiene la respuesta fisiológica en un paciente con apelar sólo al componente gestual de un tratamiento.

Raíces y herencias como seres hablantes

Pertenecemos a la especie «homo sapiens» que habita la Tierra desde hace unos de cien mil años, la cual, a su vez, cuenta con ancestros de más de cuatro millones de años. Hace demasiados siglos que el hombre ha perdido la guía de un instinto que al resto de los animales les dicta con fija precisión qué hacer en su entorno. En su lugar aparece una formidable capacidad creativa, pero al precio de la incertidumbre, el miedo al error, la ilusión, la conciencia del tiempo y de la muerte, las creencias, el deseo y una afectividad al vilo de lo caótico:

«Se trata de un ser con una afectividad intensa e inestable, que sonríe, ríe y llora, ansioso y angustiado, un ser egoísta, ebrio, estático, violento, furioso, amoroso, un ser invadido por la imaginación, un ser que conoce la existencia de la muerte y que no puede creer en ella, un ser que segrega la magia y el mito, un ser poseído por los espíritus y por lo dioses, un ser que se alimenta de ilusiones y de quimeras, un ser subjetivo cuyas relaciones con el mundo objetivo son siempre inciertas, un ser expuesto al error, al yerro, un ser desbordado que genera desorden. Y puesto que llamamos locura a la conjunción de la ilusión, la desmesura, la inestabilidad, la incertidumbre entre lo real y lo imaginario, la confusión entre lo objetivo y lo subjetivo, el error y el desorden, nos sentimos compelidos a ver al homo sapiens como *homo dements...*»

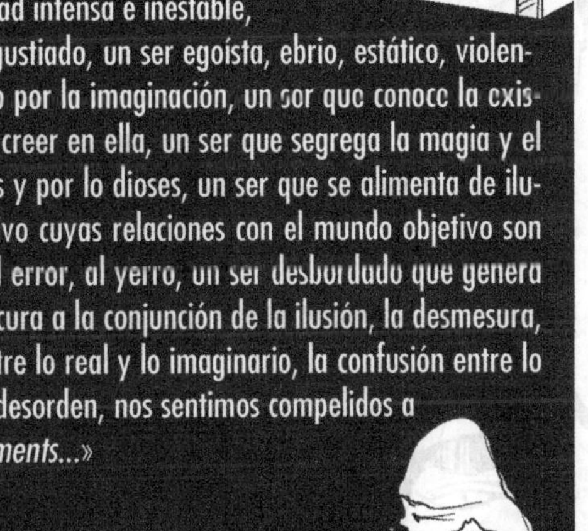

Párrafo extraído del texto «El paradigma perdido», de ***Edgar Morin*** *(1973).*

Las enfermedades mentales

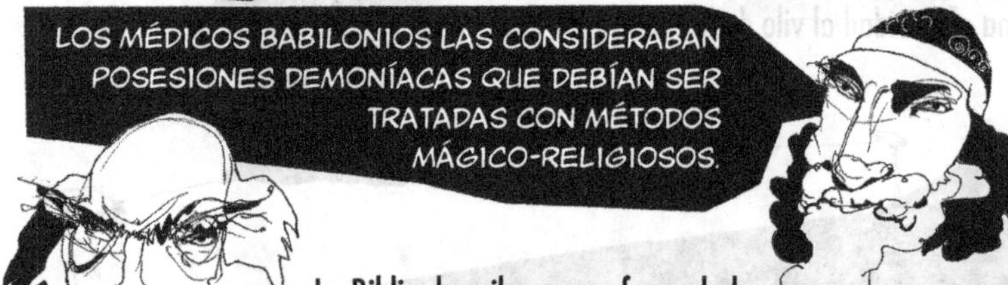

La Biblia describe una enfermedad mental en Saúl causada por un espíritu maligno enviado por Dios que lo condujo al suicidio.

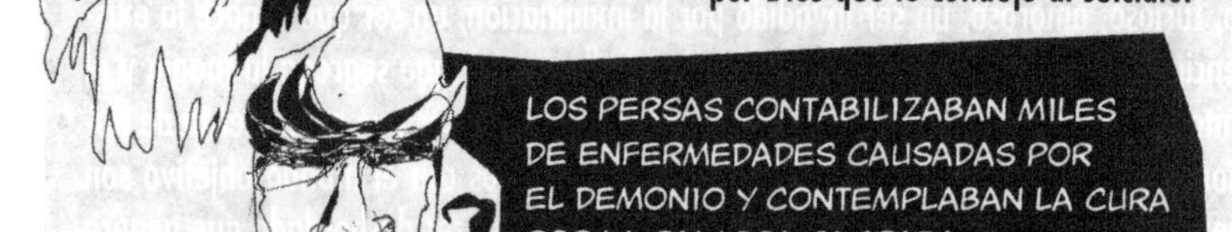

Los egipcios, en cambio, localizaban en el cerebro las funciones mentales, y fueron los primeros en describir la enfermedad que los griegos llamaron luego «histeria». Creían que se producía por un desplazamiento del útero. Su tratamiento: ¡fumigación de la vagina para que volviera a su lugar!

Durante siglos, las que hoy comúnmente se llaman enfermedades mentales han sido terreno de la magia y la religión, y sólo aisladamente, pensadas con criterios de racionalidad científica.

Grecia

Los griegos fueron los primeros en separar el estudio de las enfermedades mentales de la religión. Se orientaron a encontrar leyes universales que sentaran las bases de una ciencia global de la enfermedad. Además de tratamientos somáticos emplearon otros psicológicos: inducir el sueño, interpretarlos, dialogar con los pacientes...

Hipócrates (460-370 a. C.) distinguió trastornos como epilepsia, manía, paranoia, delirio tóxico, psicosis puerperal, fobias e histeria. En la melancolía describió irritabilidad, inquietud, insomnio y aversión a los alimentos. Por su parte, **Platón** (428-348 a. C.) propuso una forma de diálogo verbal entre médico y paciente, que buscaba la curación mediante el conocimiento filosófico.

Roma y la Edad Media

Los romanos hicieron propias las ideas de los filósofos griegos de las escuelas epicúrea y estoica, interesadas particularmente en temas humanos.

La Edad Media marca, salvo excepciones, un retroceso generalizado respecto de los avances del pensamiento científico, al propugnar la explicación demoníaca de las enfermedades mentales. Entre los pocos aportes lúcidos de esta etapa se destaca el de San Agustín (354-430), quien propone la introspección como fuente de conocimiento de la mente humana.

Renacimiento

A pesar de los múltiples logros que significó el conocimiento humanista del Renacimiento en diversos campos del quehacer humano, resultó a la vez el capítulo más nefasto en la historia del enfoque y el tratamiento de la enfermedad mental. En 1486, los teólogos alemanes **H. Kramer** y **J. Sprenger**, publicaron el *Malleus maleficarum*. Este texto refleja y reafirma un criterio generalizado en la época que propugnaba la «caza de brujas». De este modo, y con la anuencia del Papa, se dio muerte a muchísimas mujeres aquejadas probablemente de histeria.

Paracelso (1493-1541) se opuso tenazmente a la explicación demoníaca de la enfermedad mental. Según su criterio, los males del espíritu provienen de cambios en la modalidad de vida que afectan negativamente su sensibilidad.

Siglo XVIII e inicios del XIX

Los enfermos mentales dejan de ser quemados en la hoguera, pero su vida continúa unida a la tragedia: se los encierra, encadena, maltrata de diversas maneras y desprecia profundamente.

Pero un cambio fundamental se produce a partir de la obra de un médico y reformador descollante, el Dr. **Philipe Pinel** (1745-1826), cuando establece las bases de la medicina mental como una disciplina independiente.

En su obra *Tratado de la insanía* (1801) clasifica las enfermedades mentales en cuatro tipos (manía, melancolía, idiocia y demencia) y elabora hipótesis explicativas basadas en la herencia y las influencias ambientales. Propone también considerar las pasiones como causas, síntomas y medios curativos de la alienación mental. El camino que conduce a Freud comienza a trazarse.

Albores de la psicología y la psicoterapia

La psicología como ciencia de la subjetividad, y la psicoterapia como tratamiento sistemático de las afecciones anímicas, no hubieran surgido sin los factores histórico-culturales que dieron lugar al llamado Período de la Modernidad. A partir del siglo XVIII (el «siglo de la Razón»), sobre todo, surge la noción de «subjetividad» y comienza a considerarse al «sujeto» como objeto de estudio de la ciencia. Con anterioridad, éste era concebido sólo como engranaje en un sistema relativamente inamovible que incluía la comunidad, la familia, la religión y el poder soberano.

En 1777 sale a la luz un tratado de medicina escrito por el médico escocés **William Cullen,** y aparece por primera vez el término «neurosis». El capítulo, titulado *Neurosis or Nervous Diseases*, no se limita a considerar las enfermedades mentales (denominadas en esa época «vesanias»), sino que incluye también las palpitaciones cardíacas, el cólico, la hipocondría, la dispepsia y la histeria.
¡Aunque resulte curioso, en el «siglo de la Razón» se comienza a hablar de neurosis!

Modernidad y medicina de lo mental

La medicina mental, como disciplina de lo psíquico, tiene una «prehistoria» que arranca en la Antigüedad, pero en tanto disciplina adquiere dimensión histórica en la modernidad, a partir de la Revolución Francesa y el Iluminismo. **Michel Foucault** (1926-1984) llama «formas críticas» a cierta modalidad funcional de un sistema social en el que no hay una frontera definida entre locura y razón, como ocurría en Occidente antes de la modernidad. Por otra parte, habla de «formas analíticas» cuando, posteriormente, la locura es objetivada y separada.

El estudio de la histeria

Desde 1795 hasta su muerte, Pinel se desempeña en el asilo de la Salpetrière de Paris donde deja trazado el fecundo camino que orientaría a sus continuadores. Años más tarde, en 1862, el Dr. **Jean Charcot** (1825-93), prestigioso neurólogo, se convirte en su director y se interesa por los casos de «histeria». Esta enfermedad, considerada erróneamente un trastorno exclusivamente femenino, exhibe algunos síntomas típicos: parálisis, dolores, alteraciones en la sensibilidad, trastornos de los sentidos y de la memoria. Pero los médicos no logran explicarlos en base al conocimiento organicista del que disponen.

En 1885, el Dr. **Sigmund Freud** (1856-1939) obtiene una beca para estudiar con Charcot y presencia algunas experiencias en las que éste logra suprimir o inducir síntomas histéricos hipnotizando a sus pacientes.

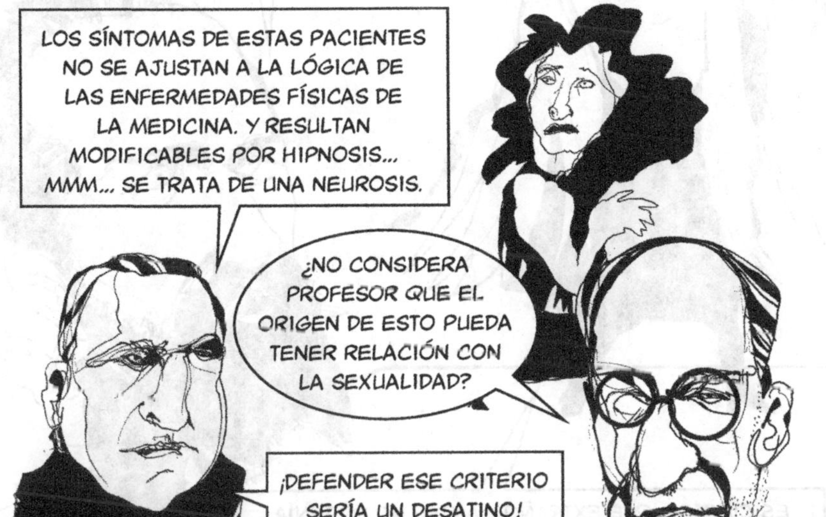

El interés que se despierta en Freud por el tratamiento hipnótico de la histeria es también compartido por otro médico vienés: **Joseph Breuer** (1842-1925), quien asume el tratamiento de una mujer joven e inteligente conocida con el nombre dc Ana O.

Breuer efectúa un descubrimiento sumamente importante que luego comunica a Freud: en estado de trance hipnótico, la paciente refiere penosas experiencias pasadas, estrechamente relacionadas con los síntomas actuales. Luego, ya en el estado de vigilia, Breuer le comunica esos contenidos:

Breuer descubre que los síntomas de su paciente desaparecen cuando recupera ciertos recuerdos penosos que habían sucumbido al olvido, y así logra liberar las emociones contenidas. Freud le otorga un gran valor ese descubrimiento y propone a Breuer explorar juntos con profundidad los alcances y el significado que posee.

La labor convergente entre Freud y Breuer culmina en 1985 con la publicación de *Estudios sobre la histeria,* piedra fundamental sobre la que se irá construyendo el edificio psicoanalítico.

Freud edifica el psicoanálisis

Luego de la publicación de *Estudios sobre la histeria,* Freud continúa sus investigaciones de modo independiente. Al principio practica la técnica hipnótica que le permite ayudar a sus pacientes y recabar información para la elaboración de su teoría del funcionamiento psíquico simultáneamente. Luego abandona la hipnosis y opta por el método de la asociación libre.

Freud sostiene que durante el desarrollo de la personalidad, las tendencias (pulsiones) agresivas o sexuales indeseables son expulsadas de la conciencia. La lucha interior entre la represión y las demandas de estas pulsiones se traduce en los síntomas de las neurosis. La supresión de esos síntomas es posible llevando nuevamente las fantasías y las emociones reprimidas a la conciencia.

Ejes del psicoanálisis

Freud no tarda en advertir la enorme importancia de la relación emocional que se establece entre el paciente y el terapeuta. La denomina «transferencia» y postula que refleja los sentimientos primarios del paciente hacia sus progenitores.
El concepto de inconsciente, la regla de la asociación libre y el estudio de los fenómenos de la transferencia constituyen los soportes básicos del tratamiento psicoanalítico.

a) Un método de investigación de los contenidos, los procesos y los mecanismos de la vida psíquica (sueños, fantasías, delirios) de los sujetos.

b) Un método psicoterapéutico que se basa en esa investigación y se concentra en el reconocimiento y la interpretación de los fenómenos de resistencia, transferencia y el deseo inconsciente.

c) Una teoría psicológica en la que se sistematizan los datos provenientes del método propio de investigación y tratamiento.

¿Qué implica el paradigma freudiano?

La psicología de Freud busca trascender la simple indagación de la intimidad para convertirse en la ciencia de las profundidades de un individuo signado por el conflicto de modo inherente.

La concepción de **lo psíquico** experimenta históricamente una transformación en tres etapas, la última de las cuales representa la postura freudiana: psíquico es todo lo dado a la conciencia.

Lo psíquico incluye lo «oculto» (como fenómeno simplemente no captado o no enfocado por la conciencia).

La parte más relevante de lo psíquico «se oculta», como proceso activo.

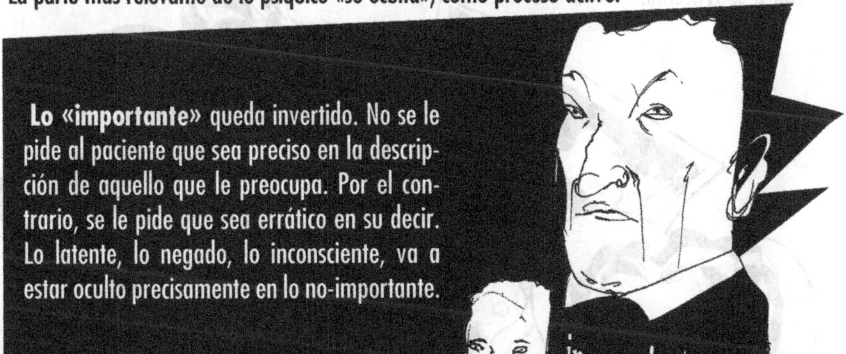

La palabra cobra una dimensión inédita. Ya no se detiene en lo que usualmente significa. Puede remitir a otros significados que el sujeto no controla ni sabe que expresa. Hay una estructura (inconsciente) que habla a través del sujeto. Por eso, el sujeto no es unitario sino que está dividido, escindido. Lo inconsciente configura otra escena donde reside el verdadero, pero ignorado, deseo.

Contexto del surgimiento del psicoanálisis

Las grandes concepciones teóricas reflejan un grupo de ideas de la época pero que logran configurar una alternativa superadora. El psicoanálisis surge hacia fines del siglo XIX y desarrolla sus bases conceptuales en las primeras décadas del siglo XX. Las ideas y el clima de época dominantes entonces eran:

1. El romanticismo del siglo XIX instala la imagen de un individuo agitado por pasiones intensas e insondables. El arte de la época (pintura, literatura, música) lo refleja a través de formas de «revelación de lo oculto». Lo verdadero yace en lo secreto del alma. La pintura se vuelve sugestiva: contenido manifiesto que expresa la profundidad interior o subyacente.

No somos nosotros quienes queremos. A través de nosotros quiere una inexorable voluntad universal inexorable y violenta...
Arturo Schopenhauer (1788-1860)

Existe una psiquicidad inconsciente de la cual la conciencia es fragmentación y desvalorización. Eduard Von Hartmann (1842-1906)

2. Las ciencias se encuentran en pleno proceso de expansión, impulsadas por la idea de progreso del conocimiento y por la confianza en la posibilidad de explicar cabalmente la realidad, desmenuzando sus condicionantes y causas (en el psicoanálisis, la «perspectiva causalista» ha sido muy intensa desde entonces y se mantiene vigente con el mismo vigor, pese a que ya ha declinado en el resto de las ciencias). La mecánica de Newton, la teoría sobre la energía y la teoría de la evolución de Darwin ofreceán apoyo a los modelos del «aparato psíquico», la dinámica de las pulsiones y la visión del hombre que acuña Freud.

3. Hacia principios del siglo XX la ciencia se vuelca a descubrir los componentes fundamentales de la materia. La psicología, siguiendo este modelo, aspira a identificar una supuesta «estructura básica del psiquismo».

4. Cobra relieve la noción de «conflicto»:
a) En el nivel psicológico, componentes subjetivos en oposición.
b) En el nivel social, enfrentamiento de intereses de clases.
c) En el biológico, competencia entre las especies.

Alfred Adler

El primero de los discípulos de Freud que se aparta del maestro y crea otra escuela es el psicólogo austríaco **Alfred Adler** (1879-1937), al cuestionar la importancia que su maestro asigna a las pulsiones sexuales en el comportamiento humano. Adler busca trascender la mente individual como unidad de comprensión para dar cabida a aspectos sociales no explícitamente contemplados por Freud. La búsqueda constante de poder, la necesidad de neutralizar el sentimiento de inferioridad configurado en la infancia y la significación atribuida a los hechos por el individuo constituyen los elementos centrales de su teoría. El comportamiento responde a cuatro ejes básicos:

1. Tener un propósito:

(S) ⟶ (O) ⟶ (R)
Situación — Creencia/Meta — Conducta

2. Estar regido por modalidades de organización de la experiencia constituidas en la infancia.
3. Ser resultado de nuestra percepción subjetiva.
4. La psicopatología surge de un modo asocial, inconsciente y egocéntrico de perseguir las metas personales.

La psicología de Adler otorga relevancia a los significados, los propósitos, las creencias y las metas personales. Medio siglo después, la psicoterapia cognitiva lo contará como uno de sus precursores.

Para Adler, toda familia se desenvuelve en una determinada atmósfera emocional. Cada una de estas modalidades genera un «lema» que organizará, consciente o inconscientemente, la forma en que el sujeto se posiciona ante el mundo.

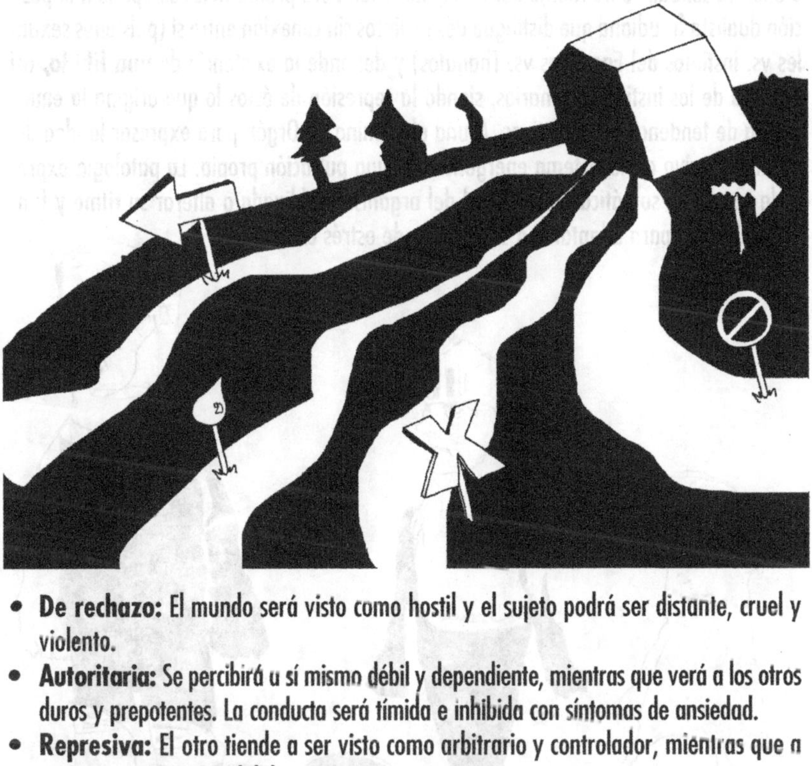

- **De rechazo:** El mundo será visto como hostil y el sujeto podrá ser distante, cruel y violento.
- **Autoritaria:** Se percibirá a sí mismo débil y dependiente, mientras que verá a los otros duros y prepotentes. La conducta será tímida e inhibida con síntomas de ansiedad.
- **Represiva:** El otro tiende a ser visto como arbitrario y controlador, mientras que a sí mismo, inseguro y débil.
- **Doliente:** Alguno de los padres da la imagen de martirio y sacrificio. Tendrá una visión dramática de la vida.
- **Desesperada**: Situación familiar muy adversa (salud, desgracias, etc.) que fomenta una perspectiva desesperanzada y trágica.
- **Humillante:** La actitud despectiva genera intensos sentimientos de inferioridad que conducen al distanciamiento ante los otros o al desprecio reactivo.
- **Desaveniente:** Padres absorbidos en sus propias reyertas y discusiones. La vida será una lucha.
- **Competitiva:** El éxito y el rendimiento como finalidad de la existencia.
- **Pretenciosa:** Búsqueda de prestigio y sobresalir sobre los demás.

Wilhelm Reich

El neuropsiquiatra **W. Reich** (1897-1957), nativo de Galitzia (Europa oriental) toma contacto con Freud en 1919 y adhiere especialmente a uno de sus enunciados: la libido, o energía sexual, como fuente del desarrollo vital. Pero pronto Reich se opone a la posición dualista freudiana que distingue dos instintos sin conexión entre sí (pulsiones sexuales vs. instintos del Ego; Eros vs. Thanatos) y defiende la existencia de **una libido,** así como la de los instintos primarios, siendo la represión de éstos lo que origina la emergencia de tendencias destructivas. Acuña el término de Orgón para expresar la idea del organismo vivo como sistema energético con una pulsación propia. La patología expresa la respuesta somática o emocional del organismo obligada a alterar su ritmo y funciones básicas para adaptarse a situaciones de estrés crónico.

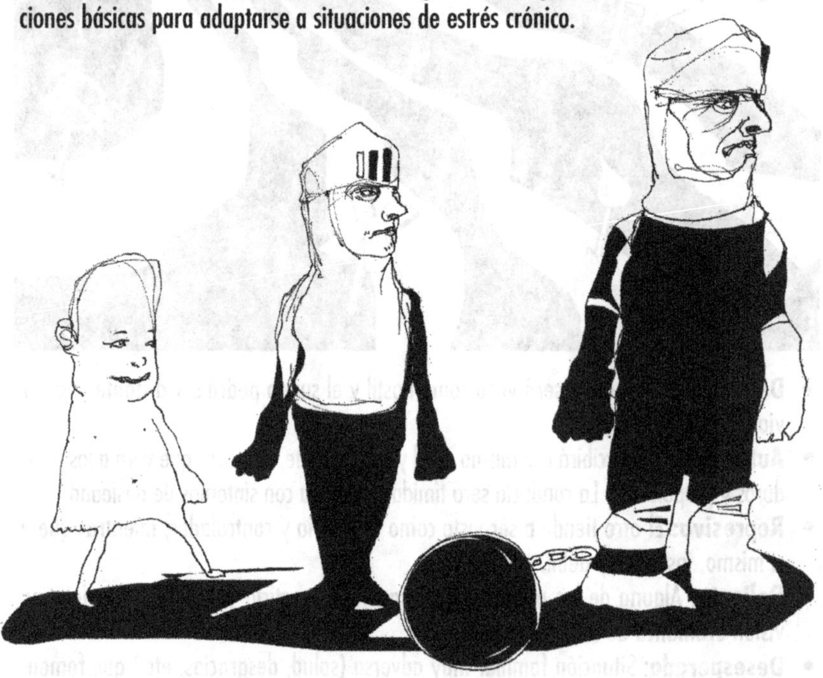

"Los seres humanos nacen libres, pero recorren la vida como esclavos."

En la historia de cada persona, la energía vital y las emociones están ligadas indisolublemente y quedan grabadas en la memoria muscular y caracterial, produciendo cierres y bloqueos que definirá como «acorazamiento». Si bien cumple una función defensiva de insensibilización, lo hace al precio de limitar la pulsación vital y la capacidad expansiva.

Acorazamiento y terapia corporal

Las personas desarrollan diferentes niveles de acorazamiento, que consumen gran parte de su energía vital para controlar un ambiente vivido como peligroso y los sentimientos de temor y angustia. Reich sostiene que, de acuerdo al momento evolutivo donde tuvieron lugar esos cierres, se organizan predisposiciones a enfermedades de mayor o menor severidad. La existencia de la coraza, impide la percepción adecuada de los fenómenos energéticos.

Denomina «biopatías» a la contracción crónica del sistema nervioso autónomo que altera la función biológica de pulsación plasmática del organismo. Las biopatías primarias se originan en la vida prenatal y están ligadas al «miedo» embrionario o fetal, cuando el medio uterino no es suficientemente benigno.

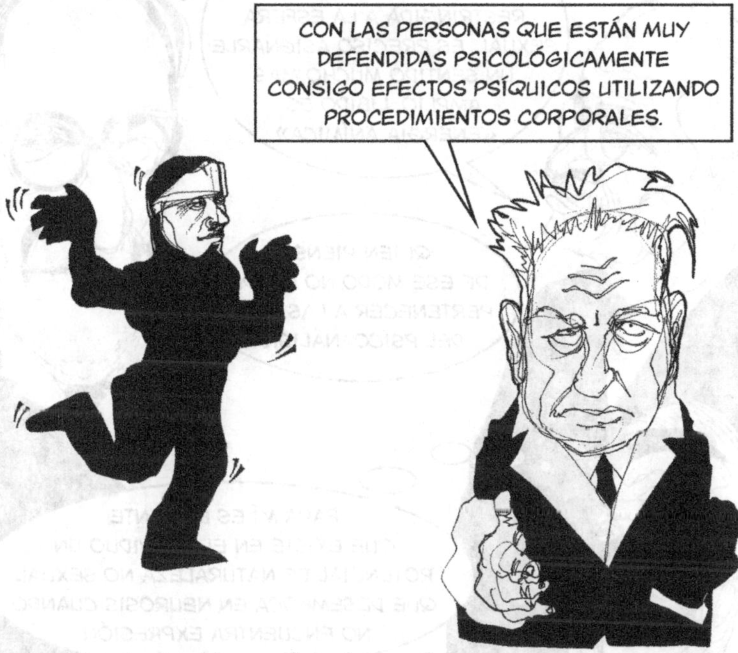

Psique y soma son inseparables, y reflejan las manifestaciones de una misma energía. El placer y la angustia no son más que la manifestación de la energía que toma dos direcciones opuestas: el placer hacia la periferia, la angustia hacia el centro del organismo. Así sucesivamente. A esta formulación la llama «la antítesis básica de lo vivo».

Reich es el pionero en las terapias corporales, al utilizar el cuerpo de las personas en el trabajo psíquico. Considera que la forma de estar y de ser en el mundo (carácter) es el crisol donde se forjan los síntomas neuróticos, por lo tanto la transformación debe centrarse en el carácter y no en la lucha contra el síntoma.

La psicología analítica de Jung

Otro discípulo de Freud destacado es el psiquiatra suizo **Carl Gustav Jung** (1875-1961). Tiene una profunda inclinación hacia las filosofías y las literaturas, tanto occidentales como orientales. En su visión sobre la naturaleza humana es posible reconocer cierta influencia de Schopenhauer, aunque discrepa con varias de sus ideas. Su interés por la investigación etnológica y por desentrañar los vínculos entre psicología y religión lo lleva a realizar numerosos viajes.

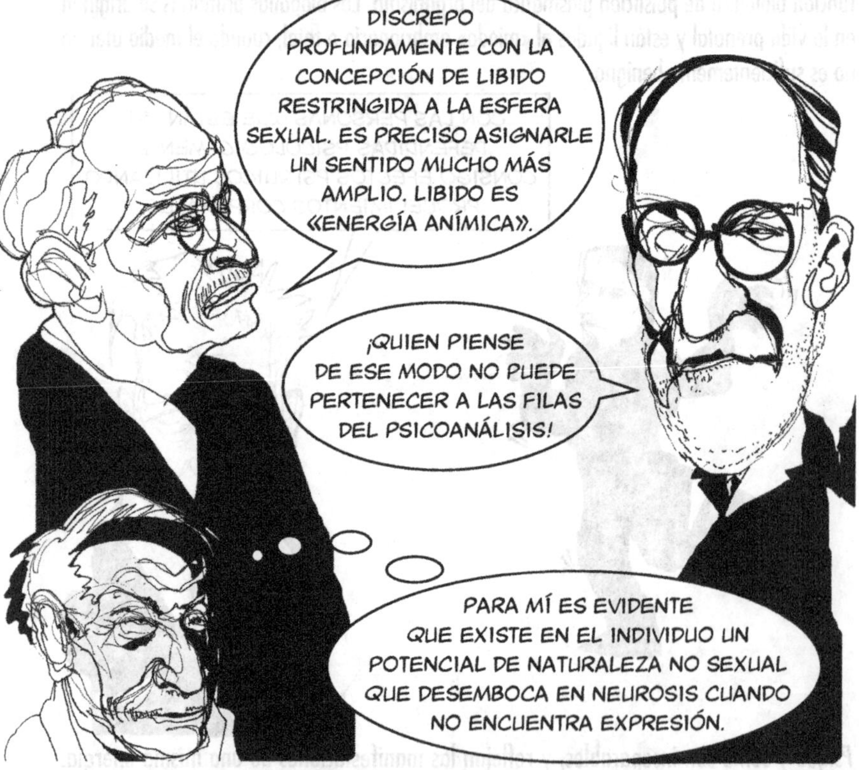

Jung propone un tipo de terapia en la que los pacientes logren descubrir y aprovechar la potencialidad que yace en su propio inconsciente, para lograr el desarrollo y la realización personal. La psicoterapia junguiana tiene una decidida impronta espiritualista, y si bien se apoya mucho en la interpretación simbólica de los sueños, aplica ese procedimiento al sentido de la vida en su conjunto. El objetivo mayor es comprometerse con la búsqueda de la trascendencia e individuación propia de nuestro destino. Toda personalidad se orienta hacia una meta definida y cambia a través de la vida para alcanzar ese objetivo prefijado.

A pesar de que Jung se opone tenazmente a clasificar a los seres humanos en categorías y aplicarles «etiquetas», establece una distinción tipológica entre sujetos «introvertidos» y «extravertidos» que se ha expandido hasta llegar al lenguaje corriente.

Introvertido
- Vive dentro de su experiencia interior
- Tiende a retraerse
- No manifiesta sus emociones
- Los estímulos del mundo exterior lo abruman

Extravertido
- Se orienta hacia los sucesos exteriores
- Es socialmente participativo
- Expresa vivamente lo que siente
- Busca la estimulación externa

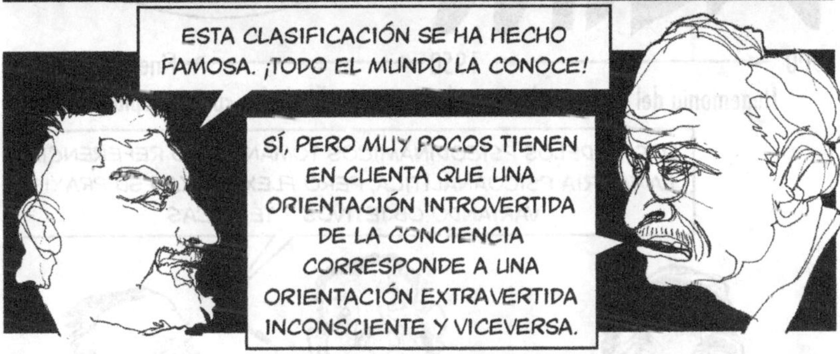

Jung difunde también la noción de inconsciente como «suelo materno donde brota la conciencia», incluyendo en él contenidos personales que resultan de la ontogénesis (el inconsciente personal) y de la filogénesis (el inconsciente colectivo). Este último encierra imágenes innatas compartidas por todos los individuos («arquetipos») y transmitidas a través de las generaciones.

Escenario actual de las psicoterapias

El psicoanálisis freudiano fundamentalmente, las perspectivas de Adler, de Jung y de Reich, entre otras derivaciones, dominan la escena psicoterapéutica de la primera mitad del siglo XX. Pero a partir de la década del cincuenta empiezan a establecerse nuevas perspectivas susceptibles de ser agrupadas en cinco modelos básicos:

a) psicodinámicos b) sistémicos c) conductistas
d) humanísticos e) cognitivos.

1900 ←→ 1950 ←→ Fines de siglo XX

Hegemonía del «psicoanálisis» / Desarrollo de las «psicoterapias»

Cada una de estas propuestas presenta a su vez un apreciable número de ramas internas. La diversidad de los enfoques básicos resulta sin duda enriquecedora, pero la sobreabundancia de sus expresiones prácticas ha generado cierta inquietud y con ella, el propósito de diseñar modelos integradores.

Cuestiones genéricas

En el núcleo de cualquier teoría psicoterapéutica anida la pregunta por los factores responsables de la organización del psiquismo, el comportamiento o la experiencia personal. Cada enfoque tiene su propia perspectiva básica y una visión particular sobre, al menos, tres dimensiones irreductibles del andamiaje humano:

Si bien estos planos interactúan complejamente entre sí, cada uno de ellos presenta su propia lógica y requiere un nivel de análisis diferenciado. Aquello que llamamos «psíquico» o «mundo interno» no es ninguna entidad inmaterial autocontenida: es básicamente «vida de relación», por lo tanto, configura cierto tipo de fenómenos inherentes al contexto y a sus contingencias.

La raíz biológica

Ha habido intentos por explicar lo psíquico desde la base biológica. En su forma extrema, esta postura proclama que los estados mentales son idénticos a los estados cerebrales. Es obvio que el comportamiento humano es inseparable de su biología, pero la constitución biológica no es capaz de dictarle al hombre qué pensar y cómo actuar. La conducta no puede ser deducida de las condiciones bioquímicas que la hacen posible: las interacciones en las que participa todo ser vivo como un «ser total» pertenecen a un nivel diferente, más amplio y más complejo.

Lo biológico hace posible, pero no explica el nivel humano que surge de él. Se dice con fundamento que el todo es más que la simple suma de las partes. Ello significa que las propiedades no están *en* las cosas sino *entre* las cosas. Los fenómenos que permiten entender el comportamiento humano pertenecen por entero al dominio de sus interacciones con otros seres humanos, con la realidad en la que opera, e incluso consigo mismo.

Herencia y conducta

Hay rasgos de la personalidad, como el temperamento, que son considerados disposiciones innatas a reaccionar de forma particular ante los estímulos ambientales. El ritmo, la intensidad y el umbral de la respuesta emocional son componentes del temperamento. La introversión y la extraversión son modalidades temperamentales.

- Factores biológicos pueden predisponer determinados estados anímicos (depresión, por ejemplo).
- Recíprocamente, las circunstancias de la vida o incluso la psicoterapia pueden afectar al nivel biológico.

El biologo chileno Humberto Maturana destaca que la vida de relación de un ser vivo por su propia naturaleza ocurre en su operar como una totalidad, no en la dinámica de sus componentes orgánicos.

Aunque en el comportamiento haya influencia de factores hereditarios, la herencia más importante que ha recibido el hombre es su **capacidad para adquirir**.

Vicisitudes de la historia personal

Las distintas teorías que sustentan las psicoterapias concuerdan en atribuir amplia relevancia a las primeras experiencias interpersonales del niño. Lo que varía son las formas de interpretar dichas experiencias tempranas. **John Bowlby** (1907-1990) destaca que el niño tiene necesidad (que denomina «apego») de establecer vínculos afectivos incondicionales y duraderos. Las características que adoptan estos vínculos constituyen la base fundamental para el desarrollo posterior de su vida y para dar sentido a cada una de sus relaciones.

En los primeros estadios del desarrollo, el niño está absolutamente expuesto al «otro». Las actitudes de las figuras significativas que lo rodean y el tipo de relaciones que organizan el sistema familiar influyen decisivamente en sus futuros rasgos personales.

Alienación-separación

Ciertos enfoques (psicodinámicos) destacan el fenómeno de «alienación-separación» como un proceso de apropiación de su propio ser que el niño realiza progresivamente. Este proceso puede resultar parcialmente fallido y dar lugar a un sujeto desdibujado respecto del otro, poco diferenciado e inseguro.

En psicoanálisis se considera que la evolución satisfactoria de este movimiento conduce a una «construcción subjetivante», que posibilita la emergencia del propio deseo y del decir propio. Se trata de dejar de quedar atrapado en las palabras o el deseo del Otro.

Ciclo vital

Erik Erikson (1902-1994) planteaba que en el desarrollo del ciclo vital humano cabe distinguir una serie de fases. Cada una de ellas presenta un problema básico cuya forma de resolución (exitosa o fallida) afecta la manera en que se encara la siguiente etapa.
Una fase fundamental es el proceso de socialización. Éste responde a la necesidad de construir una red de relaciones capaz de proporcionar un sentimiento de pertenencia a todos los miembros de una comunidad. Los niños deben «domesticar sus impulsos y su imaginación», para lo cual se los expone a la educación y al aprendizaje de habilidades necesarias para satisfacer las exigencias de la sociedad.
Más adelante, en la pubertad, florece la sexualidad y los impulsos asociados al deseo y la atracción física. La adolescencia implica luego un proceso de definición de la propia identidad que culmina con la asunción de roles sociales y la configuración de un proyecto de vida.

Las etapas que atraviesa una persona siempre entrañan alguna dificultad. Pero al margen de esas «crisis evolutivas», existen infinidad de otras generadas por problemas interpersonales, características de personalidad, propósitos insatisfechos, expectativas culturales… que pueden constituir un motivo de consulta para una psicoterapia.

La cultura

La cultura no es un escenario ocasional en el que un hombre, con una estructura mental ya concluida, simplemente transcurre su vida. Por el contrario, la cultura lo antecede y constituye al hombre como tal, configura su mundo, define su lenguaje, su sentido común, formula sus problemas y posibilita sus respuestas.

Por «cultura» no debemos entender la información y los conocimientos adquiridos por una persona, sino todo lo que el hombre construye, incluyendo ideas, significados y valores.

El orden cultural puede representarse por medio de esferas concéntricas: las interiores se refieren a los contextos más cercanos al individuo (familia, lugar de residencia, red social cercana); luego encontramos otros de menor proximidad (comunidad, región, país), y, finalmente, los ámbitos más lejanos (continente, época histórica).

El ser humano formula sus problemas e intenta las soluciones con términos y significados que toma prestado del marco familiar, en primera instancia, y luego, del marco sociocultural que lo contiene.

Pautas culturales actuales

El momento que vivimos se caracteriza por el papel determinante que tienen los medios en la definición de la realidad.
Sinteticemos otros aspectos:

a) Los medios no configuran una realidad transparente, sino una compleja y caótica.

b) Generan una invasión de «distractores». Los objetos promovidos por el mundo de la información desplazan a la reflexión. El pensamiento se vuelve pragmático.

c) Hedonismo, renuncia al compromiso social.

d) Desaparición de la fantasía de progreso indefinido.

e) Declinación de los grandes sistemas de ideas.

f) «La razón» y «la verdad» pierden carácter absoluto.

g) Las fronteras entre lo permitido y lo que no lo es se tornan borrosas.

h) Las personas se aglomeran sin tener nada en común.

Esta realidad trae aparejada la desaparición de un universo de significados ocultos (perspectiva freudiana por excelencia) y origina sujetos que más que padecer a causa de un conflicto interno, lo hacen por quedar a la deriva sometidos a determinaciones que no comprenden ni controlan. Un creciente número de personas encuentra grandes dificultades para concebir una vida segura, con posiblidades de despliegue personal, orientada por valores e impregnada de sentido.

Entrada al campo específico de la psicoterapia

Propiciar condiciones de cambios en el individuo que busca ayuda (que conciernen a aquellos sentimientos, ideas, actitudes y conductas que resultan problemáticas para su existencia) ha generado una gran variedad de caminos para lograrlo.

Cada psicoterapia tiene su propia concepción del proceso terapéutico en cuanto a objetivos, métodos e hipótesis básicas. Pero todas ellas coinciden en que tanto en la causa del problema como en los mecanismos que lo han mantenido existe una implicación personal: no se trata del portador pasivo de un problema sino el activo participante de varios aspectos de éste. La psicoterapia consiste en un proceso de reconocimiento y abandono del camino inútil. De identificación de los factores que sostienen la conducta problemática. De expansión de los recursos. De revisión y cambio a nivel de los significados que configuran la realidad del sujeto. De promover vínculos genuinos en base a un compromiso con la verdad y con el acto responsable.

Concepciones restringidas y extendidas

La amplia variedad de psicoterapias permite agruparlas de acuerdo con muchos criterios: por las hipótesis que subyacen a la patología mental, su duración, sus objetivos, el peso asignado a factores internos o ambientales, etc. Aún así, hay dos grandes grupos: uno de ellos prefiere limitar el término psicoterapia al tratamiento de trastornos mentales bien definidos.

La psicoterapia busca la curación de los trastornos de ansiedad, la depresión, las fobias, las obsesiones…

Este enfoque mantiene una actitud netamente «clínica» y pretende actuar sobre problemas de «salud mental». Se presta especial atención a los «síntomas» (sentimientos y manifestaciones que producen limitación vital y sufrimiento) mientras el objetivo central es liberar de éstos al paciente. Los especialistas suelen reunir dichos síntomas en grupos que reciben luego un nombre. Por ejemplo: «trastornos del estado de ánimo».

Otras modalidades de psicoterapia optan por una concepción mucho más amplia: incluyen la exploración del sí mismo, el desarrollo de la personalidad, el examen del proyecto vital, la búsqueda de sentido...

La base de esta concepción tiene una impronta humanístico-filosófica. El consultante encuentra en el terapeuta un interlocutor apto para ayudarlo a comprender mejor su posición subjetiva, el modo en que se implica en los vínculos interpersonales, la lógica de sus emociones y su particular manera de asignarle sentido a su experiencia en el mundo. El proceso se orienta a vislumbrar modos alternativos y preferibles de vivir.

¿Qué términos emplear en psicoterapia?

La abundante presencia de terminología médica en el seno de la psicoterapia manifiesta la distancia que aún la separa de su emancipación epistemológica: enfermedad, síntoma, paciente, trastorno, diagnóstico, tratamiento... son conceptos legítimos y bien definidos en medicina, pero su traslado directo a la disciplina que nos ocupa promueve nociones confusas e impropias en mayor o menor grado.

En psicología no es posible establecer una diferenciación nítida entre normalidad y anormalidad. Se sigue hablando de «patologías» cuando no se trata ya de ninguna entidad susceptible de ser contraída, contagiada o pasivamente padecida. El individuo tiene un a función determinante en las características que asume su propio padecer, por lo cual no es posible «tener una depresión» ni ser «atacado» por la ansiedad:

La persona «Juan» no se encuentra en el mismo plano que la enfermedad orgánica, aunque haya alguna relación entre ellos.

Es imposible vivir cualquier enfermedad orgánica como absolutamente propia. En cambio, la depresión como vivencia plena de sentido subjetivo, se encuentra en un mismo plano que el sujeto que la experimenta.

¿Enfermedades, trastornos o problemas?

Establecer dentro de qué rango es pertinente utilizar el término «enfermedad» para referirse a ciertas manifestaciones de la conducta humana resulta entonces un tema discutido. Pero algo es seguro: su uso indiscriminado lleva a consecuencias negativas. Aquello que comúnmente se llama «neurosis» puede ser pensado en otros términos: como modos egocéntricos e inadecuados de relacionarse con el mundo y con los otros, y no como una enfermedad capaz de ser contraída.

Hay quienes proponen sustituir el término «enfermedad» por el de «problema». Este último tiene la ventaja de connotar «solución posible» y además implica un sujeto potencialmente activo.

Durante las últimas décadas, el problemático término «enfermedad» tendió a ser sustituido por el de «trastorno». Pero éste tampoco posee una definición precisa, suficientemente abarcativa y satisfactoria para dar cuenta del nexo entre el sujeto y aquello que motiva su sufrimiento.

¿«Paciente»?

El término «paciente», por su parte, remite a dos significados: «el que espera ser atendido» y «el que padece». Tampoco resulta afortunado porque connota una pasividad que discrepa con el rol eminentemente activo que requiere toda psicoterapia. Sin embargo, su empleo se ha generalizado en gran parte de los países de habla hispana.

La aplicación impropia de categorías de la medicina responde a una razón histórica: fue la primera ciencia que desembarcó en la tierra virgen del padecimiento anímico. Lo hizo por la imposibilidad de arribar a un diagnóstico orgánico confiable ante ciertas manifestaciones clínicas impregnadas de subjetividad. Metafóricamente, la medicina descubrió las Indias (el factor psicológico) buscando llegar a Oriente (dominar sus cuadros orgánicos). Luego, la colonización médica de la psicología se tornó inevitable.

La noción de salud

En la medicina y la biología, la noción de salud se encuentra muy asociada al criterio de «funcionalidad». La funcionalidad opera por coherencia forzosa con el conjunto, no por libre elección de alternativas: cada órgano y cada sistema (respiratorio, digestivo, etc.), posee una función específica que se articula a la que desarrollan los restantes. El ensamble de todos hace posible la vida. Si alguna de esas funciones no se desarrolla adecuadamente, se habla de enfermedad.

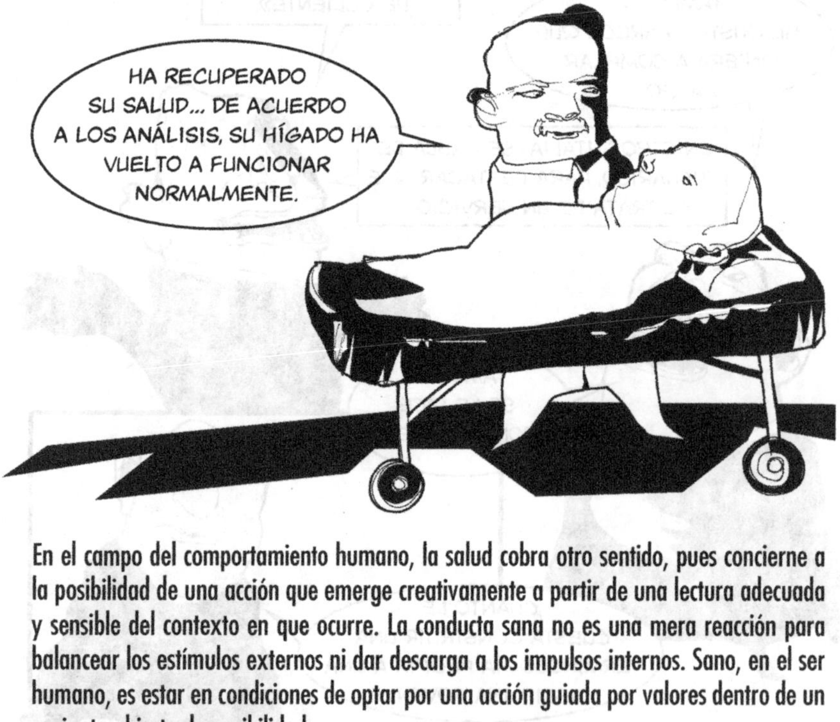

En el campo del comportamiento humano, la salud cobra otro sentido, pues concierne a la posibilidad de una acción que emerge creativamente a partir de una lectura adecuada y sensible del contexto en que ocurre. La conducta sana no es una mera reacción para balancear los estímulos externos ni dar descarga a los impulsos internos. Sano, en el ser humano, es estar en condiciones de optar por una acción guiada por valores dentro de un conjunto abierto de posibilidades.

Diagnosticar: ¿sí o no?

Hay distintas posturas acerca de la conveniencia de emplear diagnósticos en psicoterapia. Además, existen dos maneras básicas de hacerlo: una es dinámica y describe un proceso, la otra es estática y rotula un estado. Referido a un «proceso», aporta un bosquejo provechoso de las contingencias que pesan sobre un paciente, tratando de identificar las variables que inciden sobre su problema. Pero en otros casos se convierte en un rótulo estigmatizante y vacío de utilidad para resolverlo.

Los componentes de la psicoterapia

La labor terapéutica comprende:

1. Dos actores (corrientemente denominados terapeuta y paciente), o más, en el caso de terapias de pareja, familia o grupales.
2. Un escenario o espacio donde transcurre (consultorio/consulta).
3. Un encuadre (concierne a la definición de roles y compromisos).
4. La elaboración y el acuerdo de objetivos en base al motivo de consulta:

Un proceso que comprende los elementos dinámicos, básicamente: vínculo terapéutico e interacción comunicativa.

Factores comunes

A pesar de las diferencias teóricas y técnicas que las distintas modalidades psicoterapéuticas tienen entre sí, es posible reconocer un grupo de factores que resultan comunes a todas ellas. En un texto titulado *Persuasión y curación* (1961) el psicoterapeuta norteamericano **Alexander Frank** presenta una perspectiva genérica de las psicoterapias. Considera que éstas comprenden una constelación de mitos (las teorías) que apelan a ciertos ritos (los procedimientos), fusionadas en un tronco de base que amalgama seis aspectos:

1. Una relación de confianza: Él puede expresar su problema personal y sus emociones sin ser criticado, en un clima de aceptación.

2. Una explicación racional: El proceso terapéutico da origen a una visión alternativa del problema que lo torna más manejable para el paciente.

3. Da nueva información acerca del modo en que se organiza el problema: El paciente puede conocer las condiciones que dan origen o sostienen sus problemas e incorporar recursos para afrontarlos.

4. Expectativa de ayuda: Un paciente que cree poder ser ayudado junto a un profesional con intención de hacerlo crea un marco propicio.

5. Oportunidad de tener dominio sobre su problema: Mas allá de la técnica empleada, el paciente incorpora nuevos recursos para afrontar sus dificultades.

6. Activación emocional reestructurante: Presencia de un marco adecuado para la expresión y reorganización de los afectos.

Motivos que conducen a una psicoterapia

Los motivos que llevan a una psicoterapia son innumerables, pero los más habituales constituyen tres grupos no excluyentes entre sí:

a) Vinculados a expectativas de ampliar el horizonte vital.

El ámbito terapéutico instaura aquí un proceso que favorece el crecimiento, el bienestar y el conocimiento personal. Los resultados se traducen en una elevación de la calidad y de la riqueza de los vínculos que el consultante mantiene con su mundo.

b) Asociados a un sufrimiento subjetivo que la persona no logra controlar ni comprender su sentido.

Este grupo presenta las **dimensiones de la dolencia psíquica** en sus formas amplias: angustia, temor, decaimiento, presentimientos aciagos y todo otro estado penoso capaz de experimentar una persona sin que le encuentre una justificación razonable, ya sea por la desproporción de su intensidad o por la inadecuación al contexto. Es muy improbable que, considerando alguien que su pesar es la esperable y normal respuesta a cierto estado de cosas, busque tratamiento.

c) Vinculados a encontrar dificultades para afrontar o superar alguna circunstancia crítica de la vida.

Dentro de este campo se encuentran contingencias y problemas de ámbitos variados: familiar, laboral, educativo, emocional, sexual, crisis evolutivas… que no se logran resolver de modo autónomo. La psicoterapia es buscada como un medio capaz de ofrecer orientación, desarrollo de mejores comprensiones, habilidades de afrontamiento, recursos o caminos alternativos, identificación de limitaciones personales…

Primer contacto

El primer contacto terapeuta-paciente inaugura una relación interpersonal animada por un propósito que supone roles diferenciados y un contexto adecuado al carácter íntimo del proceso que ha de tener lugar. Un aspecto esencial de la función del terapeuta en esta fase es crear las condiciones para el desarrollo de una relación cálida y respetuosa, que a su vez transmita aceptación y seguridad.

En la primera entrevista, el terapeuta trata de responderse tres preguntas:

a) El motivo personal que lleva al paciente a realizar la consulta (indaga en el tipo de problema que presenta, sus antecedentes, su historia, la forma en que lo vive…).
b) Las razones por las cuales canalizó esa inquietud hacia él mismo (busca determinar las características del tratamiento que espera).
c) Los factores determinantes para que haya decidido hacerlo en ese momento (explora la naturaleza de los eventos que desembocaron en la búsqueda de ayuda, motivos internos al malestar, presión de familiares, si es crónico o agudo…).

La relación terapéutica

La relación terapéutica es la piedra angular sobre la cual se apoya todo el proceso, cualquiera fuese la modalidad de psicoterapia.

Las fases iniciales de un tratamiento son decisivas para su definición, por lo cual el terapeuta debe asumir dos tareas fundamentales: generar las condiciones para el establecimiento de una relación de trabajo suficientemente sólida, y el delineado de pautas orientativas que guiarán la labor en torno a un foco terapéutico.

El terapeuta se muestra en todo momento solícito, pero no judicativo. Por norma general, no dictamina sobre el sentido del acto de un paciente, pero por regla universal prescinde absolutamente de asumir una postura crítica o enjuiciadora. Su función es abrir los temas que se presentan a la luz de los motivos que lo sustentan y de los significados subjetivos que insinúa.

La experiencia muestra que en los tratamientos exitosos ha predominado un clima empático, donde el paciente ha tenido oportunidad de encontrar reconocimiento y un tipo de comprensión que excluye la complacencia. **Carl R. Rogers** (1902-1987) afirmaba con buenas razones que la relación empática es el elemento crucial de una psicoterapia y la definía como «la capacidad de percibir el mundo interior del paciente, integrado por significados personales y privados, como si fuera el propio, pero sin perder nunca ese "como sí"».

Condiciones propicias

Hay un grupo de condiciones que favorecen una sólida y productiva relación terapéutica:

1. Actitud cálida, sin imposturas, con genuino optimismo, interés y aceptación.
2. Conocimientos para definir el proceso de la terapia, su curso, duración y roles necesarios.
3. Habilidad del terapeuta para el uso de herramientas y técnicas que permitan la expresión de sentimientos del paciente sin adoptar posiciones defensivas.
4. Habilidad para el manejo del tiempo (timing) y la intervención oportuna.
5. Imaginación creativa.

La esperanza y la confianza del paciente son factores decisivos en el curso de un tratamiento. Pero dado que no todos los poseen al principio de éste, recae sobre el terapeuta el arte de facilitar su desarrollo.

Vicisitudes del vínculo

Entre la situación terapéutica y la vida cotidiana existe una equivalencia funcional: muchas de las conductas, los sentimientos y las actitudes que en la vida del paciente desempeñan una función relevante en su problema se hacen presentes en la relación con el propio terapeuta. La dificultad no permanece afuera para ser referida cómodamente como hecho externo: llega a ocupar su sitio en el interior de las sesiones y acarrea inevitablemente algunas turbulencias. Pero es precisamente este fenómeno el que permite comprender en vivo la dinámica de sus procesos y las emociones concomitantes. El terapeuta opera sobre la situación en la realidad del «aquí y ahora» desempeñando un rol que, a diferencia del que el paciente encuentra en sus interlocutores de la vida cotidiana, jamás es «reactivo», sino reflexivo, creativo y generador de visiones más adecuadas. Simétricamente, las nuevas opciones pueden retornar al plano de su vida personal expandiendo el abanico de sus recursos.

La psicoterapia, por más que se esfuerce por mantener un vínculo empático, transcurre como un proceso inseparable de quiebres, rupturas, crisis en el vínculo y reparaciones. Estas grietas no constituyen por sí mismas un factor negativo que requiera ser evitado. Por el contrario, una sólida alianza terapéutica permite darles la oportunidad de que se presenten para comprenderlas y superarlas.

Amor, hostilidad, ambivalencias y ¡polivalencias!

Los sentimientos que un paciente experimenta frente a su terapeuta son complejos, variados, inestables... Cuando aquellos que predominan son de naturaleza positiva, el paciente lo mira «con buenos ojos», el diálogo fluye vigoroso y productivo. La palabra del terapeuta llega a aquél sin mayores obstrucciones y sin hallarlo en posición defensiva.

Cuando permanecen dentro de cierto margen, los sentimientos positivos promueven activamente la labor terapéutica. Pero en ocasiones alcanzan el carácter de una idealización excesiva y en eso casos la obstaculizan.

Por el contrario, cuando imperan los sentimientos negativos hacia el terapeuta, el paciente está en posición controladora de «no sacarle los ojos de encima»: lo tiene vigilado y bajo sospecha. En ambos casos se trata de una anticipación: confianza y desconfianza van siempre más allá de lo que se sabe, constituyendo una suposición sin certeza. Pero las consecuencias de uno y otro son diferentes. En este caso, el terapeuta sentirá que tiene que cuidarse mucho de lo que va a decir.

Alianza terapéutica: 1+1=2

La «alianza terapéutica» refiere el conjunto de condiciones explícitas e implícitamente consensuadas entre terapeuta y paciente que favorecen el avance de un tratamiento. Dentro de ella, la naturaleza y la dinámica del vínculo cumplen una función central y la mayor productividad se logra cuando se mantienen en un nivel positivo. Sin embargo, la irrupción de fases negativas es inevitable y parte importante de la terapia consiste en trabajar constructivamente esos momentos. El Dr. Jeremy Safran, de la New School University destaca que terapeuta y paciente coparticipan en un proceso complejo que ninguno de ambos está en condiciones de comprender espontáneamente. Pero el intento reflexivo por lograrlo es un mecanismo fundamental para el cambio, que requiere abandonar la ilusión de la observación externa que ha caracterizado lo que se denomina «psicología de una sola persona».

Psicología de una sola persona	Psicología bipersonal
Supone neutralidad, abstinencia y anonimato del terapeuta.	Considera al terapeuta implicado.
La interacción que se da en la sesión es un reflejo de la que desarrolla el paciente en su vida común.	El terapeuta es co-constructor, junto con el paciente, de la interacción que tiene lugar en el tratamiento.
Énfasis en la experiencia individual del paciente.	Énfasis en la permanente negociación alejamiento-cercanía y en la construcción intersubjetiva de significado.
Observación exterior y objetiva.	Observación de la propia participación del terapeuta.
«Psique» como sistema definitivamente constituido y autocontendido.	«Psique» como sistema incompleto y creativamente emergente.

La *psicología de una sola persona* pertenece a un paradigma vetusto. Ya no es razonable considerar al terapeuta como operador aséptico por fuera del campo interpersonal. Mucho más realista y fecundo resulta reflexionar sobre las contribuciones que le atañen en el juego interactivo.

Todo cuanto ocurre en la sesión despierta emociones en ambos participantes en una dinámica que es vital desentrañar conservando estrictamente la distinción de roles. Un paciente que atraviesa la experiencia de observar sus acciones y sentimientos en la relación terapéutica queda en condiciones de ser más responsable en los actos de su vida personal.

El tiempo de las palabras

Excepto en los tratamientos con objetivos focalizados y acotados en el tiempo, es importante que el terapeuta se posicione en los inicios de una sesión «sin memoria y sin deseo». Esto es, con una actitud receptiva, y genuinamente abierta. El terapeuta prescinde de permanecer en referencia a sus categorías previas para «ponerse a arreglar lo que anda mal en el paciente», y mucho menos de aplicarlas prematuramente sobre el material que provee éste, en estado naciente.

El arte del manejo del tiempo: «timing», es crucial en psicoterapia y exige un tipo de sensibilidad especial en estrecha consonancia con la situación que se despliega. Generalmente, es cierta forma indicativa del silencio la que habilita la intervención oportuna del terapeuta y le ofrece el marco adecuado para que llegue a destino. Ni antes, ni más tarde.

Renovando teorías

Casi todos los pacientes llegan a un tratamiento con algún tipo de teoría explicativa acerca de lo que les pasa. Es frecuente que los términos que formula esa comprensión constituyan parte importante de su problema. Particularmente, porque suelen conducir a un círculo vicioso que, lejos de facilitar un cambio, mantienen la situación indeseada. Para ello es necesario promover visiones desde perspectivas habitualmente no consideradas por el paciente.

No se trata de invalidar las visiones que el paciente esforzadamente ha elaborado en torno a los temas que más lo angustian. Es posible rescatar todos sus temas y contenidos para que dentro del marco co-constructivo del diálogo terapéutico, vayan adquiriendo una lógica y sentido diferente. Esta operación requiere la disposición del paciente para un «distanciamiento» comprensivo y la capacidad del terapeuta para guiar el proceso hacia una «reformulación del problema» que pueda reinstalar a éste en un sendero potencialmente útil.

Del episodio agudo al alta, en sólo tres sesiones

Un tratamiento resulta exitoso cuando logra expandir las posibilidades vitales del consultante, pero alcanzar ese objetivo constituye un proceso laborioso que abarca varias etapas. La primera de ellas tiene un carácter singular: no sólo se delinean los objetivos básicos y se acuerdan las condiciones en que se desarrollará. Lo más importante reside en las características interactivas y emocionales que adquiere el encuentro.

Al iniciarse un tratamiento, aquello que preocupa al paciente, sus síntomas, sus problemas, cobran el formato de una pregunta expectante, pero a la vez confiada: el proceso terapéutico será capaz de ofrecerle la respuesta que busca. Aunque las soluciones permanezcan pendientes, suele producirse desde el comienzo algún grado de alivio en el nivel de ansiedad con que las vive. Pero en algunas ocasiones ese efecto encierra cierto riesgo. El alivio predispone a la llamada «fuga a la salud»: el paciente se siente prematuramente liberado de su dificultad, sin haberse comprometido en los arduos pasos que conducen a sus soluciones. El rol del terapeuta será a lo largo de todo el proceso sostener la labor dentro de un nivel productivo y de reinstalarla toda vez que parezca disiparse. Para lo cual tratará de impedir la caída en la visión catastrófica o de acotar el alto vuelo de su antípoda: la cura milagrosa.

Alianza terapéutica frente a pacientes difíciles

Los vínculos interpersonales son parte inherente de la vida cotidiana. Sin embargo, la función mental que en mayor medida los regula ha recibido un nombre muy lejano al lenguaje común: «metacognición». ¿Qué significa ese vocablo con sonoridad tan académica? De modo sencillo, la capacidad de comprender las motivaciones del otro y de discriminar las propias, de manera tal que el interjuego entre ambas sea posible y alcancen un encaje razonable.

Cuando esto no ocurre se habla de «déficit metacognitivo», que afecta preponderantemente a una de las subfunciones de la metacognición: monitoreo, integración o diferenciación. El psicólogo italiano **Antonio Semerari** investiga los problemas que esas disfunciones plantean a la clínica.

Gran parte de los pacientes que se denominan «difíciles» lo son, precisamente, por tener una reducida capacidad para identificar los matices de sus propios estados subjetivos y de representarse adecuadamente los que cabria esperar en los otros. Toda psicoterapia requiere del paciente alguna operación de tipo metacognitivo para constituir la **alianza terapéutica:** debe referirle al terapeuta sus propios afectos, ideas y procesos. También, construirse una representación de la mente del terapeuta y captar sus intenciones. En estos casos, dicha alianza debe afrontar dificultades de distinto tenor en función del aspecto deficitario de la metacognición.

EL paciente opaco

Cuando el déficit metacognitivo se localiza en la subfunción de «monitoreo», la dificultad reside en **identificar los contenidos mentales y captar sus relaciones.** Ante las circunstancias que viven, estas personas no perciben finamente de qué modo son afectados por ellas. Cuando se les pregunta, la respuesta resulta escueta, exenta de matices, insuficiente para bosquejar la repercusión interna que tiene incluso un hecho relevante. Son propensos a sentirse particularmente extraños en los grupos sociales: les resulta difícil, aunque hagan el esfuerzo, compartir la propia experiencia con los demás, participar o experimentar un mínimo grado de pertenencia.

Para estos pacientes la *experiencia de distancia interpersonal* termina siendo crónica, e incluye a ciertas personalidades evitativas, narcisistas o esquizoides. En el contexto de una sesión, emerge cierta sensación de pesadez, esfuerzo, escasa fluidez en el coloquio. Pueden presentarse signos de aburrimiento. Una apreciable parte de la labor del terapeuta será entonces ayudar a construir en el paciente un espacio interior que pueda ir alojando discriminaciones vivenciales.

EL paciente caótico

Cuando el déficit metacognitivo se localiza en la subfunción de «integración», queda afectada la capacidad de construir descripciones coherentes de los propios estados mentales y de su evolución en el tiempo. Las representaciones de sí mismo y de las relaciones de los propios contenidos entre sí se vuelven confusas.

El paciente caótico (ciertas personalidades con rasgos histriónicos pertenecen a este grupo) presenta una gran diversidad de situaciones en un mismo plano de importancia y con actitud global de demanda perentoria. El terapeuta tiende a sentir que debería hacer algo urgente sin saber bien qué, ni por dónde empezar. El caudal masivo de información le llega de modo tan deshilvanado como exigente, porque adolece de una falta de reflexividad sobre sí mismo. Se requiere por lo tanto una prolija labor de discriminación y ordenamiento previos que permitan jerarquizar los objetivos y constituir una plataforma de trabajo consistente.

El paciente autárquico

Frente a todos los pacientes difíciles, es preciso individualizar el tipo de intervención terapéutica capaz de insidir positivamente sobre la subfunción metacognitiva que afecta sus vínculos interpersonales y, por consecuencia, obstruye la configuración de una adecuada alianza de trabajo. En el tipo de paciente que aquí denominamos «autárquico», dicho aspecto concierne a la subfunción «diferenciación»: la capacidad de diferenciar entre clases de representaciones con referencia a la realidad y sin ella (ocurrencias o fantasías). Tiende a presentarse en personalidades altamente perturbadas, paranoides, por ejemplo.

Estos casos son particularmente delicados. El terapeuta tiene permanentemente una sensación de precariedad, de impredecibilidad del vínculo. Las propias palabras corren elevado riesgo de ser mal entendidas y el riesgo de una ruptura relacional parece siempre latente. El paciente es proclive a ver la realidad llena de claves ocultas, de intenciones no francas. El terapeuta buscará ganarse de a poco su confianza y hacerle ver que sus conclusiones son casi siempre puntos de partida.

Datos a considerar en un tratamiento

Los factores que requieren ser tenidos en cuenta frente a un paciente en psicoterapia son muchos y forman una red compleja: su historia y el estilo narrativo que emplea para contarla, su personalidad, el patrón recurrente en sus relaciones interpersonales, el tipo de emociones predominantes, su modalidad de pensamiento, etc. Consideremos bajo la forma de preguntas algunos aspectos puntuales relevantes para el proceso terapéutico:

Vínculos afectivos

1. Cómo se relaciona el paciente con los otros y consigo mismo.
2. Cuál ha sido su modalidad de reacción frente a situaciones críticas.
3. Red familiar y social con la que cuenta.
4. Actitud que mantiene en el acto de la entrevista.

Motivo de consulta

1. ¿Qué problema lo trae aquí?
2. ¿Por qué ha buscado tratamiento en este momento?
3. ¿Cuáles serían sus objetivos frente a este problema?
4. ¿Cuáles serían los objetivos principales y cuales los secundarios?
5. ¿Qué ha intentado para solucionar su problema?
6. ¿Qué es lo peor de ese problema para usted?

Anamnesis

1. Situación e historia de la familia de origen. Composición familiar.
2. Situación familiar actual.
3. Aspectos relevantes de su historia personal.
4. Tratamientos anteriores.
5. Antecedentes clínicos.

Evaluar:

1. Estilo de afrontamiento dominante.
2. Nivel de reactancia.
3. Nivel de deterioro funcional (identificación y grado de severidad de los trastornos, factores y nivel de riesgo).

Estilos de afrontamiento

Expuestas a situaciones que comprometen su bienestar, las personas tienden a reaccionar al modo activo («externalizadores») o pasivo («internalizadores»). Los primeros tienen conductas «por exceso» (respuesta aumentada) mientras que los segundos, «por defecto» (respuesta disminuida).

Externalizadores

Los externalizadores buscan influir activamente sobre los otros, son más bien autónomos y socialmente activos, impulsivos, atropelladores y poco controlados. Buscan impresionar a los otros. Su presencia es notoria. Sus acciones no suelen supeditarse a lo que piensan los demás, prevalece el motivo propio al ajeno. Ubican el malestar fuera de sí mismos como «situaciones frustrantes» frençte a las cuales reaccionan con enojo. Tratan a veces de hacer reaccionar a los internalizadores, no toleran su parsimonia. Suelen atribuir su malestar y sus problemas a las situaciones externas, las circunstancias y las conductas de otras personas (atribución externa).

Internalizadores

Las personas **internalizadoras,** por su parte, son socialmente pasivos, autocríticos, tímidos, callados y retraídos. En general, dejan que las cosas les lleguen, más que salir activamente en su búsqueda. El elevado temor a la crítica y la desaprobación los lleva a eludir la exposición en público y a evitar manifestar sus emociones. No muestran su enojo, lo rumian. El estilo internalizante se encuentra centrado en los propios pensamientos, las emociones y las preocupaciones subjetivas. Suelen atribuir su malestar a aspectos o rasgos de sí mismos (atribución causal interna).

Ubican el malestar dentro de sí mismos como sufrimiento. Tratan de aplacar a los externalizadores, sintiéndose molestos a veces por su modalidad aparatosa. En psicoterapia, exhiben una gran capacidad reflexiva, por lo tanto son aptos para beneficiarse con terapias que apuntan al *insigth* (comprensión del problema).
El concepto de estilo de afrontamiento remite al conjunto de maniobras defensivas conscientes que usa el sujeto frente a la ansiedad. Ha sido concebido por **Arnold Lazarus** luego reelaborado y enriquecido por **Larry Beutler.**

Reactancia alta

El nivel de reactancia expresa la disposición de las personas para resistir la influencia externa. Las personas con elevado nivel de reactancia no buscan en otro las respuestas a sus dudas, sino que prefieren despejarlas por sus propios medios. Por lo tanto, las psicoterapias «directivas» (como algunas modalidades conductistas) no resultan adecuadas. Responden mejor a psicoterapias «no directivas», como las terapias humanístico-experienciales o las psicodinámicas.

Ante pacientes muy reactantes suele ser conveniente que el terapeuta formule preguntas abiertas durante la sesión y siga al paciente en su propio curso. De lo contrario, se corre el riesgo de que surjan manifestaciones de enojo o retraimiento.

Reactancia baja

Por el contrario, las personas con bajo nivel de reactancia no tienen dificultad en seguir los consejos de personas con autoridad. Tratan de evitar la confrontación con los demás, adoptando una actitud flexible o dócil. Son proclives a ordenar su vida en base a pautas externas.

El paciente suele preferir que el terapeuta formule preguntas cerradas durante la sesión y se presta a un rol más bien activo por parte de éste.

Por lo tanto, son aptos para las terapias de orientación directiva (por ejemplo, las cognitivo-comportamentales).

Dos ejes de intervención

En base a un criterio sencillo, podrían considerarse dos tipo de intervenciones en psicoterapia: lineales (en la misma línea) y ortogonales (en dirección imprevista). Las primeras se mantienen dentro de la tonalidad emotiva y temática que desarrolla el paciente. Serían lineales solicitar o suministrar información, reformulaciones en base a la comprensión empática, etc.

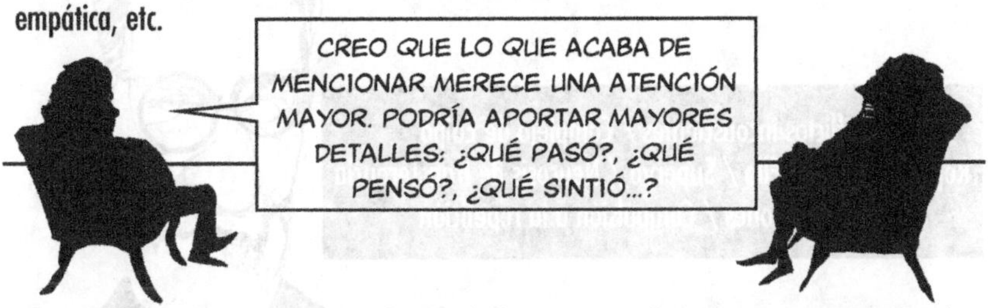

Este tipo de intervención sostiene el curso de la narración, el paciente se siente contenido, permite el despliegue de los temas, etc. El cambio que generan es gradual y acumulativo. Las intervenciones que mayor posibilidad tienen de generar cambios bruscos son las ortogonales: quiebran la línea de avance del discurso del paciente al adoptar una dirección imprevista y disruptiva respecto de alguna visión de sí mismo (con frecuencia presentada en voz pasiva).

Este tipo de intervención ilumina repentinamente una situación no vista, cambia súbitamente el sentido a algo que se da por supuesto, señala una nueva perspectiva de comprensión.

Grandes modelos en psicoterapia

En la actualidad, existe una enorme cantidad de modalidades terapéuticas. Sin embargo, el número de modelos teóricos referenciales en que se basa la mayoría de ellas es relativamente reducido:

Conflictos inconscientes / Complejo de Edipo
Represión / Yo / Ello / Superyó / Neurosis de transferencia
Identificaciones / Compulsión a la repetición

Psicodinámico

Responsabilidad / Proyecto / Sentido de la vida / Darse cuenta
Libertad / Desarrollo de potencialidades / Reconocimiento de vivencias

Humanístico-experiencial

Cognitivo
Conocer / Organización de la experiencia / Significado / Inferencias / Procesamiento de la información / Esquemas
Análisis funcional de la conducta / Condicionamiento operante / Refuerzo / Contingencias ambientales / Moldeamiento / Relaciones de equivalencia / Aprendizaje
Conductual
Retroalimentación / Relaciones eco-sistémicas / Familias / Interacciones / Roles / Interdependencia
Sistémico
¡Cuanto se perdería si solo una forma de inteligibilidad de la problemática humana triunfara sobre el resto ...!

Psicoanálisis y psicoterapia

Por psicoterapia puede entenderse como: «Toda forma de tratamiento de los padecimientos mentales por procedimientos basados en la interacción simbólica y emocional». Sin embargo, muchos psicoanalistas consideran que su práctica no debería ser homologada al resto de las psicoterapias. Piensan que el psicoanálisis constituye una teoría y una práctica suficientemente específicas y que sus principios esenciales son ajenos a las filosofías y los métodos de las psicoterapias.

Consideremos aquellos aspectos que suelen señalarse como principales diferenciadores entre ambas modalidades.

Características del psicoanálisis

- No suele establecer de antemano objetivos terapéuticos. Considera preferible que la cura ocurra «por añadidura».
- Duración abierta del tratamiento.
- No busca primariamente una comunicación o comprensión empática con el paciente.
- La relación que establece el paciente con el terapeuta («transferencia») es un foco fundamental del análisis.
- Se trabaja sobre las resistencias del paciente a reconocer aspectos negados de sí mismo.
- Se circunscribe a la «realidad interna» del paciente.

Características genéricas de la psicoterapia

- Tiende a acordar con el paciente objetivos terapéuticos.
- Tiende a estimar un plazo probable de tratamiento.
- Tiene en cuenta/busca la comunicación/compresión empática con el paciente.
- El vínculo con el terapeuta suele encontrarse más naturalizado, buscándose sostener una alianza terapéutica positiva.
- Se examinan aspectos del vínculo transferencial sólo cuando se detecta algún tipo de obstrucción por parte del mismo en el proceso terapéutico.
- Sc intenta proveer o promover nuevos recursos para afrontar situaciones y nuevos modos de ver su realidad.
- No excluye pur principio la consideración de ningún aspecto del mundo del paciente.

Modelos psicodinámicos

Los modelos psicodinámicos comprenden un conjunto de enfoques cuyo marco conceptual básico es la teoría psicoanalítica, aunque sus prácticas puedan no ajustarse estrictamente a la del psicoanálisis clásico.

Podrían distinguirse tres niveles:

a) Psicoanálisis propiamente dicho.
b) Terapias psicodinámicas.
c) Terapias de apoyo psicodinámicas.

Variantes del modelo psicodinámico

Lo que varía entre ellos se vincula mayormente a los objetivos y a la técnica empleada:

	PSICOANÁLISIS	TERAPIAS PSICODINÁMICAS	TERAPIAS DE APOYO PSICODINÁMICAS
OBJETIVOS	Cambio estructural en la personalidad. Integración total del conflicto al yo consciente.	Reorganización parcial de la personalidad en contexto de cambios sintomáticos.	Mejoría sintomática a partir de mejor equilibrio adaptativo en la relación impulso / defensa.
TÉCNICAS	Resolución de la neurosis de transferencia (reedición de los conflictos primarios del paciente en el vínculo con el terapeuta) por medio de la interpretación. Neutralidad del analista (equidistancia del terapeuta respecto de todas las instancias que intervienen en el conflicto del paciente).	Atención a las «relaciones objetales» (modalidades prototípicas de vinculación). Menor uso de la interpretación y mayor uso de la confrontación y la clarificación. (véase pág. 83)	Preponderante empleo de la confrontación y la clarificación. Escaso uso de la interpretación. Énfasis en el conflicto actual.

Pautas

El tratamiento analítico

El proceso terapéutico parte de un acuerdo entre terapeuta y paciente, sustentado en el compromiso de adherir a la **regla fundamental de la libre asociación.**

Esta regla es sólo aplicable a sujetos neuróticos, pues requiere un yo suficientemente íntegro como para sostener el pacto. Sin, embargo hoy en día existen psicoanalistas que trabajan con pacientes psicóticos (presentan alucinaciones e ideas delirantes), pero lo hacen bajo algunas modificaciones del modelo básico, infringiendo –por ejemplo– la regla de la abstención; por lo tanto, se permiten mayor grado injerencia en las circunstancias de su vida, por medio de consejos o expresando sus puntos de vista.

El encuadre

En la modalidad clásica, el paciente yace tendido en un diván sin ver a la persona del terapeuta. No soló se trata, como se suele señalar, de que esta postura favorece la emergencia de aspectos más regresivos del paciente. Más importante aún es el hecho de que la sustracción de la imagen le otorga mayor relieve a la palabra escuchada. El vínculo «cara a cara» es sin duda mucho más natural, se presta por lo tanto a una dinámica más bien coloquial. Pero esta confortable situación es lo que el psicoanálisis pretende evitar. La posición del analista detrás del paciente es congruente con la suposición de que «detrás» de lo dicho y detrás de lo vivido hay otro sentido, latente y no sabido, que aguarda ser descubierto.

El precepto de la **asociación libre** que le cabe cumplir al paciente posee otro correlativo de parte del analista: la atención libremente flotante. El terapeuta adopta una posición receptiva hacia todo el material emergente por igual. Algunos psicoanalistas sostienen que la interpretación no sería otra cosa que (habiéndose dado las condiciones adecuadas) «el retorno a través del terapeuta de lo reprimido por parte del paciente».

Los sueños

El análisis de los sueños tiene un lugar especialmente destacado en el psicoanálisis. Aquello que la persona relata haber soñado se denomina «contenido manifiesto» y es el resultado de un complejo proceso de transformación de un «contenido latente», el que alberga su auténtico sentido, lo reprimido. La diferencia entre ambos planos responde a la acción de dos mecanismos: condensación y desplazamiento. El primero reúne varias imágenes en una sola (la mitología griega ofrece muchos ejemplos equivalentes). El segundo traslada una determinada característica de un objeto a otro. El análisis trata de invertir ese camino para acceder al sentido subyacente.

Para el psicoanálisis, en los sueños se hallan las claves de las situaciones conflictivas o traumas que, ocurridos en la temprana infancia, pasan luego a ser organizadores de la neurosis adulta. En su base, se encuentran animados por un deseo inconsciente de origen infantil capaz de articularse a imágenes de la vida presente para buscar una forma sustitutiva de satisfacción.

La resistencia

El proceso analítico no avanza sin dificultades. Las mismas fuerzas que constituyen la neurosis se hacen presentes en el tratamiento como **resistencia** a la cura. Un componente importante de ésta es el «beneficio primario» de la enfermedad: el deseo inconsciente se muestra refractario a abandonar las modalidades arcaicas de satisfacción. Otro componente es el «beneficio secundario» de la enfermedad: a pesar del carácter displacentero que tienen los síntomas, muchas veces la persona encuentra formas de sacar provecho personal a su situación, delegando responsabilidades, recluyéndose, evitando enfrentar situaciones...

La resistencia es también una expresión de las defensas inconscientes erigidas contra la angustia que despertaría el reconocimiento de la verdad de un deseo que el sujeto prefiere ignorar. Parte importante de la labor analítica se dirige entonces a disolver las barreras que dificultan ese reconocimiento.

Transferencia

La terapéutica psicoanalítica concede un valor crucial a la relación entre analista y persona analizada. Freud denominó **transferencia** a la totalidad de los fenómenos psicológicos que atañen tanto al paciente como al analista, y que derivan de las relaciones que el primero mantuvo con sus padres.

La transferencia es un concepto amplio, un fenómeno complejo que gira simultáneamente en torno a dos situaciones paradójicas: por una parte, representa el terreno privilegiado para la labor analítica, porque al actualizar las modalidades vinculares prototípicas, las pone en evidencia. Pero por otro, le ofrece puntos de amarre a las resistencias del paciente.

En ocasiones si el paciente se aparta de la consideración de su propio conflicto y empieza a desarrollar un interés especial hacia la persona del terapeuta, sobrecargado de afectos, positivos o negativos. A su turno, el conjunto de sentimientos que se activan en el analista por tal repetición de prototipos vinculares primarios del paciente se denomina «contratransferencia». El analista no «actúa» la contratransferencia, sino que busca comprender la función que aquélla cumple en el proceso terapéutico.

El psicoanálisis de Lacan

Tras tomar como punto de partida la obra freudiana, el psicoanalista francés **Jacques Lacan** (1901-81) indaga la relación entre dos factores de la existencia humana que considera centrales: el inconsciente y el lenguaje. Freud ya había aportado testimonios de ese vínculo a través del análisis de sueños, lapsus, actos fallidos, síntomas y ocurrencias, y demostrado que esos fenómenos presentan una lógica y un sentido que los tornan comprensibles luego de realizado su análisis en términos lingüísticos. Lacan postula que las leyes del inconsciente son equiparables a las leyes del lenguaje. Considera, por otra parte, que la «psicoterapia» y el «psicoanálisis» son experiencias radicalmente diferentes.

Para Lacan, «el inconsciente está estructurado como un lenguaje», dado que obedece a sus leyes de la metáfora (expresar algo en términos de otra cosa) y la metonimia (tomar una parte para significar el todo).

La clínica psicoanalítica consiste entonces en ceder la palabra al paciente para que su discurso, articulado y sobredeterminado por el inconsciente, ponga de manifiesto aquello que el sujeto hablante se resiste a reconocer como propio. La función del analista es operar mediante la palabra, para producir efectos de sentido («interpretación») sobre ese discurso.

La represión divide al sujeto, y lo deja en una situación de ignorancia respecto de su deseo. Este último, sin embargo, insistirá en reaparecer. El sujeto habla entonces, sin saberlo, un «idioma» que él mismo desconoce.

El otro y el Otro

Lacan diferencia un **Pequeño otro** («a») de un **Gran Otro** («A»). El primero refiere la dimensión cotidiana entre el yo y el semejante. La estructura de esta relación está determinada por el **registro imaginario,** cuya función es desconocer la relación del sujeto con su propio deseo y dar sostén a sus identificaciones. El Gran Otro, por el contrario, se sitúa en el **registro simbólico,** que es el orden del lenguaje, del «significante» y del deseo inconsciente. Un tercer registro, el **real,** representa aquello que la palabra es incapaz de recubrir.

Lacan se rebela contra la tradición filosófica y psicológica que atribuyen al «yo» la facultad de ser el eje que organiza y da sentido a la experiencia: el «yo» no es el «sujeto», sostiene, sino una instancia que –falsamente– pretende constituir el verdadero ser. Asimismo, se resiste a teorizar en la dirección de una etiología sociocultural de los trastornos mentales como plantearon muchos desarrollos posfreudianos. La historia y el drama del sujeto coinciden con el intento por cubrir una «falta fundamental».

Psicoterapia psicodinámica

Las terapias psicodinámicas no presentan grandes diferencias con el psicoanálisis clásico. Ambas recurren a la interpretación para poner sistemáticamente en evidencia las operaciones defensivas del paciente. Pero, mientras las primeras suelen organizarse en torno a un foco problemático definido, el segundo concentra la labor en el análisis de los fenómenos transferenciales. La psicoterapia psicodinámica de Strupp representa una modalidad actual de tratamiento de tiempo limitado apoyado en la teoría psicoanalítica. El objetivo de esta forma de tratamiento es promover un cambio en la estructura de carácter del paciente, que se expresa a través de relaciones interpersonales crónicas e inadaptadas.

Se recurre especialmente al examen de los modelos vinculares que se ponen de manifiesto en la propia relación terapéutica. La limitada duración del tratamiento (25-30 sesiones) exige que el foco de trabajo sea convenientemente explicitado.

Modelo de Strupp

Se trata de elucidar el siguiente circuito:

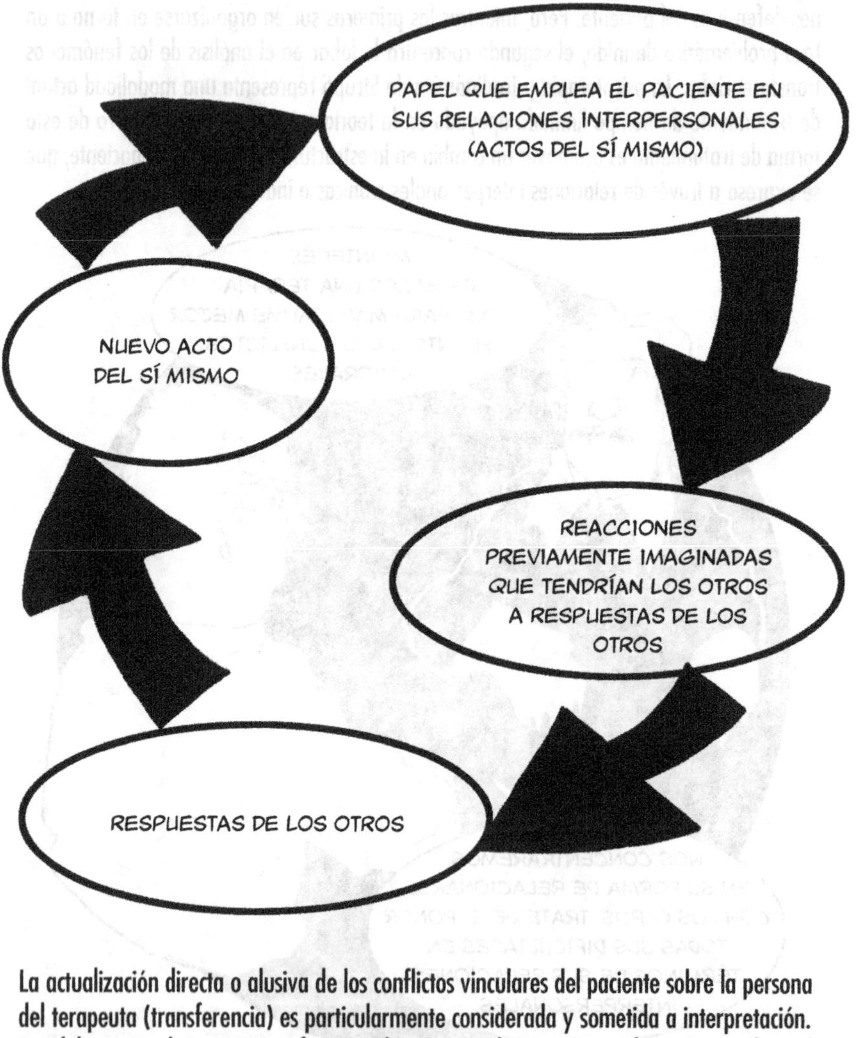

La actualización directa o alusiva de los conflictos vinculares del paciente sobre la persona del terapeuta (transferencia) es particularmente considerada y sometida a interpretación. Paralelamente, la contratransferencia le aporta al terapeuta información sobre el «juego» al cual el paciente intenta conducirlo y desde el cual cualquier respuesta irreflexiva confirmaría el estilo problemático de éste. El terapeuta evita toda compulsión a actuar sin comprender la dinámica de la relación que lo impulsa a hacerlo.

Hablarle llano al paciente

El terapeuta evita por todos los medios utilizar un lenguaje técnico o lejano al que emplea el propio paciente.

Las resistencias, tanto del paciente como del terapeuta, deben ser puntualmente reconocidas, pues constituyen el mayor obstáculo para el proceso. Pero el sentido que adquiere en esta labor es despejar el camino para ver mejor la dinámica de la relación en curso.

Esta modalidad terapéutica ha demostrado suficiente efectividad y sus características la tornan adaptable a los requerimientos de los programas de salud mental comunitarios.

Modelos humanístico-experienciales

Los modelos humanísticos-experienciales surgieron como una propuesta alternativa a teorías que, según se consideraba, conducían a una imagen determinista, dogmática y reductiva de la vida humana: subsumida al mero juego de causas externas (el conductismo); o bien, de motivaciones internas (el psicoanálisis).

Las escuelas enroladas en este modelo proponen una psicología cuyo objetivo central es crear las condiciones para el desarrollo de las potencialidades y la autorrealización del hombre, más que aspirar a la elaboración de una ciencia pura para instrumentarla luego de modo práctico.

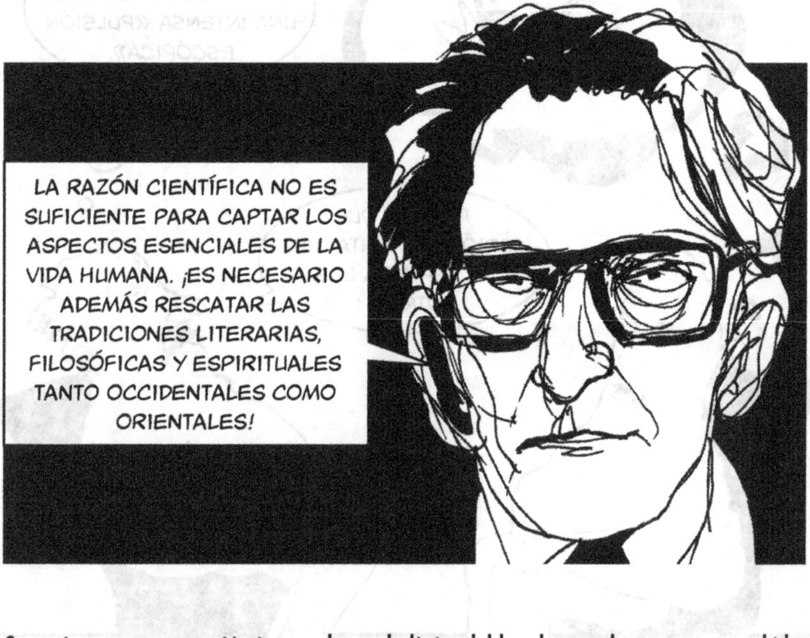

Se aspira a una concepción integradora y holística del hombre, en la que tengan cabida temas tales como: libertad, responsabilidad, autenticidad, realización, autodeterminación, dimensión espiritual y sentido de la vida.

Las corrientes principales del enfoque humanista presentan una relativa homogeneidad en sus metodologías y en sus visiones básicas del hombre, pero *difieren ampliamente* en cuanto a sus formulaciones teóricas. Entre los exponentes clásicos, surgidos en el entorno de la década del sesenta, se destacan la terapia gestáltica de **Fritz Perls,** la psicoterapia del diálogo, de **Carl Rogers,** y la logoterapia de **Victor Frankl.** De desarrollo más reciente es la psicoterapia experiencial de **Leslie Greenberg.**

Terapia Gestáltica (TG)

Frederick Salomon Perls (1893-1970) inicia su formación dentro del psicoanálisis, pero luego comienza a adoptar una actitud progresivamente crítica, hasta romper con muchos de los postulados de esa teoría hacia fines de la década del treinta. Sin embargo, su teoría conserva un grupo de ideas freudianas, entre las que se destacan las nociones de resistencia y defensa, la importancia asignada a los sueños como reveladores de aspectos del psiquismo, etc. En 1940 publica *El yo, el hambre y la agresividad* en el que esboza las nociones básicas que más adelante culminarán en el paradigma gestáltico.

Énfasis en el presente: en terapia, no se trata de resolver un problema del pasado, sino del aquí y ahora. Si algo no tiene realidad en el presente, no la tiene en ninguna otra parte.

Percibir lo inmediato: es común la tendencia a usar la mente de modo tal que impida ver o escuchar lo obvio que se encuentra delante de nosotros, y que podríamos conocer si nos abriéramos a nuestros sentidos y percepciones.

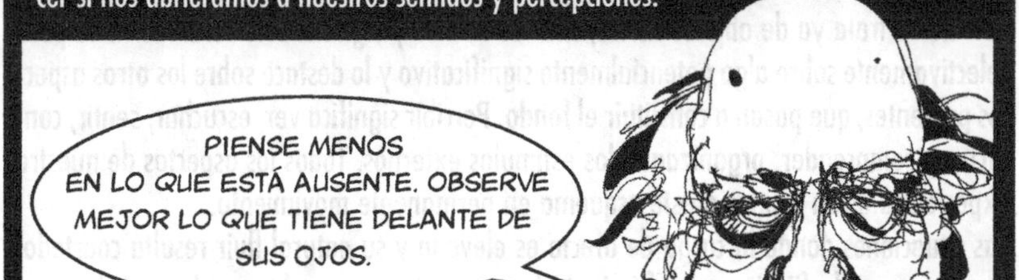

¿Qué es una Gestalt?

«Gestalt» es un término alemán, cuya traducción más cercana al castellano es «configuración», «forma organizada». El enfoque gestáltico postula que todo lo existente adquiere para el hombre un significado, dentro de un contexto específico. Los objetos, y en especial los seres vivos, son percibidos como totalidades organizadas. Una persona es una gestalt, también lo es una hoja, una planta... Cada unidad es completa en sí misma y se diferencia de lo demás. Puede, también, al interactuar con otras entidades, conformar otras gestalts. Exceptuando el puro caos, todo en la naturaleza puede ser gestalt.

Ante las circunstancias de su vida, las personas hacen recortes y ordenamientos análogos: no se trata ya de objetos físicos, sino de hechos y significados. La atención se posa selectivamente sobre algo potencialmente significativo y lo destaca sobre los otros aspectos presentes, que pasan a constituir el fondo. Percibir significa ver, escuchar, sentir, contactar y comprender, organizando los estímulos externos. Todos los aspectos de nuestra experiencia están sujetos a este esquema en permanente movimiento.

Las situaciones donde la carga de afecto es elevada y su natural fluir resulta coartado, predisponen a la fijación: el sufrimiento humano se corresponde con algo que ha quedado detenido, que bloquea el deslizamiento vitalmente creativo de figura y fondo.

La actitud del terapeuta

El rol del terapeuta consiste en visualizar, a partir de las manifestaciones del paciente, una nueva configuración organizacional posible, una nueva gestalt. El terapeuta promueve formas diferentes de ver y de organizar su realidad. Pero no lo hace tratando de permanecer neutral, sino desde el compromiso con una particular filosofía de vida y estilo de vivir: pleno, libre, abierto, consciente y responsable. Perls propone no hablar de neurosis, sino de «perturbación en el proceso de crecimiento».

Toma de conciencia

Para Perls, la toma de conciencia de sentimientos indeseados y la capacidad de tolerarlos es crucial para el tratamiento. En este aspecto coincide con la posición del psicoanálisis. Pero mientras éste tiende a centrarse en el material que ha sido activamente desconocido, la terapia gestáltica se concentra en el proceso mismo, en las modalidades de contacto consigo mismo y con el medio.

El **darse cuenta** es un concepto clavo en TG. Significa entrar en contacto natural y espontáneo en el momento presente con lo que uno es, siente y percibe. Incluye: darse cuenta del mundo exterior (contacto sensorial con objetos y eventos), y del mundo interior (sensaciones, deseos, expectativas, temores).

Darse cuenta es comprender con todo el cuerpo, integrando lo que se siente con lo que piensa y con lo que se hace. Se trata de un concepto más amplio que el de *insight*, pues supone una secuencia organizada de ellos.

La noción de **responsabilidad** ocupa un lugar relevante. Representa la capacidad de encontrar respuesta a las propias necesidades, haciéndose cargo plenamente de sí mismo, de emociones, pensamientos, actitudes que se poseen. La responsabilidad no remite al fantasma de la culpa, sino que se hace manifiesta cuando se habla con legitimidad en primera persona. Su eje no está en lo que se siente, sino en lo que se ejecuta a partir de ello.

Importancia de las sensaciones corporales

Para comprender vivencialmente una experiencia es necesario el acople de las ideas con todo el organismo, en particular con las sensaciones corporales. No pensamos con la «mente», sino con todo el cuerpo y en base a alguna emoción. A una computadora no le falta poder de cálculo para llegar a pensar, sino «animalidad». Pensar es una facultad privativa de lo vivo.

Buscar el «cómo», resignar «el por qué»

El enfoque gestáltico propone una abierta renuncia a la religión del «causalismo psíquico», a la búsqueda de antecedentes, causas, traumas, explicaciones, etcétera, de un cierto problema. Se niega deliberadamente a apelar a teorías causales para «explicar» lo que le ocurre al hombre. Considera mucho más fecundo explorar «cómo» ocurren las cosas, de qué modo, en qué circunstancias, con qué consecuencias y bajo qué tipo de condiciones. Esta visión tiene un correlato secundario: priva a psicólogos y psiquiatras de una postura doctoral y de dominio. Aquella que se arroga poseer las claves de la psiquis humana.

El ciclo de cierre y apertura de gestalts

Todo problema implica alguna situación inconclusa, un tema, una gestalt incompleta que busca cerrarse. Cada gestalt que se cierra habilita un nuevo ciclo que, a su vez, abre otras posibilidades a la vida. Por eso, el problema no reside en reconstruir por medio del recuerdo algún hecho penoso ocurrido en el pasado. El tema es en qué medida y de qué manera aquello que pasó se mantiene en el aquí y ahora como cuestión inconclusa. Y especialmente, posibilitar el cierre que tiene pendiente.

Antecedentes e influencias

La TG se nutre de varias raíces filosóficas. Pero entre ellas se destacan las referencias al existencialismo y la fenomenología. Del existencialismo rescata la idea de que la esencia del hombre, lejos de ser objetiva, sólo puede ser aprehendida desde adentro de sí mismo como ser autónomo, en su temporalidad y finitud. De la fenomenología, la importancia de partir de la experiencia sensible y de describir más que intentar explicar. También es importante la influencia de las religiones orientales, particularmente del budismo zen y del taoísmo.

El taoísmo aporta la idea de flujo natural, de integración de opuestos. A lo vivo no se lo puede forzar contra su propia naturaleza. Sólo es posible hacer que se despliegue aquello contenido en su seno como posibilidad. El terapeuta no intentará imponer desde afuera del paciente ninguna categoría ajena a él mismo.

En otro plano, también es importante la influencia del psicodrama de **Jacob Levi Moreno** (1889-1974), de nacionalidad rumana, del cual adopta la idea de dramatizar las experiencias y los sueños.
La filosofía que subyace a la TG encuentra plena expresión en los preceptos del más destacado discípulo de **Fritz Perls,** el psiquiatra chileno **Claudio Naranjo**.

1. **Vive ahora.** Preocúpate del presente antes que del pasado o el futuro.
2. **Vive aquí.** Preocupate de lo que está presente antes de lo que está ausente.
3. Deja de imaginar cosas. **Experimenta lo real.**
4. **Deja de pensar en cosas innecesarias.** En lugar de ello, gusta y mira.
5. **Expresa,** en vez de manipular explicar, justificar o juzgar.
6. Entrégate a la desazón y al dolor de la misma manera que te entregas al placer. **No limites tu conciencia.**
7. No aceptes más «debes» ni «deberías» de los que tú te impongas. **No adores a ídolo alguno.**
8. Asume plena responsabilidad por tus acciones, sentimientos y pensamientos.
9. **Acepta ser como eres.**

En síntesis, el trabajo terapéutico en la gestalt se orienta a promover la identificación de los aspectos negados del sí mismo, y la integración de las partes opuestas en una unión armónica. Tal reapropiación de las personas respecto de sus experiencias se encuentra posibilitada por la expresión de sus vivencias emocionales.

Psicoterapia del diálogo (PdD)

Carl R. Rogers (1902-1987) Nace en Chicago. Estudia agronomía, luego historia y, posteriormente, psicología. Tiene, además, una significativa formación religiosa. En 1942, escribe su primer libro, *Consejería y psicoterapia.* Y en 1951 publica su trabajo más importante *Psicoterapia centrada en el cliente.* Como exponente de la psicología humanista, esta variedad de psicoterapia contiene como nociones centrales: encuentro humano, crecimiento de la personalidad, confianza en la tendencia a la autocuración y libertad personal. Rogers considera que en todo ser humano existe una tendencia innata a la actualización, esto es, al desarrollo progresivo y a la superación constante, si se encuentran presentes las condiciones adecuadas.

Desarrollo de la PdD

En el desarrollo histórico de la PdD pueden distinguirse cuatro fases:

1. Fase de la **terapia no directiva** (1940-50). Rogers se aparta del paradigma médico de tratamiento organizado en torno al diagnóstico de una perturbación, la especificidad de las indicaciones y el empeño curativo. El concepto de paciente es sustituido por el término «cliente».

Se acepta la responsabilidad del cliente sobre sí mismo. El proceso consiste en sostener las condiciones para que logre visualizar mejor su situación personal y tomar las decisiones que considere adecuadas.

2. Fase de la **verbalización de sentimientos** (1950-65). El eje se desplaza de la «no directividad» hacia el «centramiento en el cliente». La función del terapeuta rogeriano es asistir al cliente en la exploración del mundo interno de sus sentimientos, manteniendo una actitud de comprensión empática y apreciación positiva.

3. Fase del **centramiento en la vivencia** (1965-70). Se acentúa la atención en la relación terapeuta-cliente, pero especialmente en la relación del cliente consigo mismo, dentro de sus marcos vivenciales.

4. Fase de **ampliación e integración** (luego de 1970). Se promueve la incorporación de técnicas y perspectivas provenientes de otros esquemas teóricos y psicoterapéuticos. Este proceso torna al enfoque más heterogéneo, genera varias líneas internas aunque mantiene el énfasis por lo vivencial y una modalidad de diálogo inspirada en las tres variables básicas que deben estar presentes en la actitud del terapcuta.

La actitud del terapeuta

Para que pueda darse la posibilidad de una terapia constructiva es necesario que el terapeuta haya incorporado genuinamente en sí mismo tres actitudes hacia el cliente:

1. **Estimación positiva y calidez emocional:** No se trata de un cuidado paternalista ni de una amabilidad superficial, sino de sentir un hondo respeto por la vida humana sin imponerle valoraciones que le sean ajenas.

2. **Autenticidad:** El terapeuta debe estar libre de toda impostura actitudinal y de toda fachada que oculte su ser verdadero. Debe también ser una persona autorrealizada ,libre de mecanismos de defensa neuróticos frente a sus propios sentimientos y percepciones.

3. **Comprensión empática:** Representa el empeño por comprender cabalmente al cliente en sus vivencias junto con los motivos, valoraciones y estados emotivos asociados a aquéllas.

Logoterapia

«Logos» es una palabra griega que equivale a 'sentido', 'significado' o 'propósito'. De acuerdo con la logoterapia, la primera fuerza motivante del hombre es su necesidad de encontrarle un sentido a su propia vida. Es un método de tratamiento psicoterapéutico que prioriza la dimensión espiritual del ser humano y el tema de su propósito en el mundo.

El fundador de la logoterapia es **Viktor E. Frankl** (1905-1997), médico, neurólogo y psiquiatra. Luego de sobrevivir a cuatro campos de concentración durante la Segunda Guerra Mundial, se dedica a formalizar y propagar su teoría. Su obra *El hombre en busca de sentido* constituye su principal legado.

El enfoque logoterápico propone una visión integral del ser humano al destacar que la voluntad de sentido **es fundamental** porque no puede ser derivada de otras necesidades, pero se encuentra presente en todos los seres humanos. Por el contrario, la orientación al «placer» (de la teoría freudiana) o la ambición de «poder» (adleriana) se tornan manifiestas y sintomáticas en quienes encuentran frustrada su voluntad de sentido.

Frankl discrepa con Freud en su criterio de derivar de la esfera sexual todas las relaciones sociales entre los hombre. Piensa que tal postulado constituye un reduccionismo arbitrario que recurre a un nivel inferior para dar cuenta de un plano más elevado de organización. Es importante una distinción: en la vida no se trata de «dar sentido» sino de «encontrar sentido». La capacidad humana de descubrirlo no se limita a las situaciones reales, sino también a aquellas que son anticipadas y consideradas como un futuro posible.

La noción de **responsabilidad** es nuclear en la logoterapia. Es un valor fundamental y a la vez «trascendente», porque es propio de su naturaleza trasponer los límites del beneficio personal. Asumir la propia responsabilidad es el camino directo para encontrarle un sentido a la existencia y la mejor respuesta a qué es ser... padre, amigo, mujer, hombre, miembro de una comunidad...

La dimensión espiritual del hombre y la psicoterapia

Lo espiritual, para Frankl, se encuentra lejos de ser una dimensión imaginaria e intangible: es aquello que instituye, funda y garantiza la totalidad del hombre. A su vez, el espíritu es algo que trasciende lo psíquico y que ha sido sistemáticamente ignorado (cuando no patologizado) por la «psicoterapia psicologista». El ser humano no se resuelve en un manojo de instintos ni en la respuesta automática de un grupo de reflejos. Los enfoques psicologistas y reduccionstas, sostiene Frankl, tienden a cosificar y despersonalizar al hombre, colaborando en la expansión del vacío existencial.

Toda frustración existencial conduce a la «neurosis noogena», por lo tanto su fuente es la desesperanza. El concepto de «neurosis noogena» (del griego *noos*=el espíritu humano) es específico de la logoterapia. Mediante él se designa una afección psicógena que no tiene origen en complejos o conflictos, sino en la sensación de que nada tiene sentido, en el colapso de valores, en el vacío existencial.

Terapia vivencial orientada al proceso (TVOP)

Hacia 1996. el Dr. **Leslie Greenberg** de la York University, Canadá; junto con sus colaboradores, Dra. **Laura Rice** y Dr. **Robert Elliot** proponen un modelo denominado «Terapia vivencial orientada al proceso» (TVOP), que mantiene puntos en común con los enfoques de la terapia gestáltica y la terapia del diálogo. La diferencia reside en que estos últimos habían surgido con el psicoanálisis y el conductismo como teorías dominantes, asumiéndose que la conducta estaba gobernada por impulsos instintivos inconscientes o bien por vínculos del tipo estímulo-respuesta. La TVOP, en cambio, trata de capitalizar las investigaciones y los desarrollos teóricos de la psicología del último cuarto del siglo XX, que elucidan el papel y la naturaleza de la emoción en el funcionamiento humano.

No interesa aquí comprender los patrones inadaptados de conducta que exhibe el paciente, ni sus causas. Tampoco se persigue un objetivo predeterminado de cambio de conducta.

La actitud del terapeuta

En su caracter de experto, el terapeuta se limita a proveer al paciente tipos particulares de exploración de su experiencia, absteniéndose de interpretar el significado de los contenidos de esta última. En términos más sencillos, se trata de dirigir la atención del paciente hacia algunos aspectos de su experiencia que se encuentran fuera de su foco habitual, para activar sus recursos de reorganización personal.

Para ello es necesaria la armonización empática del terapeuta con la experiencia del paciente en todo momento.

Debe estar atento a todos los aspectos verbales y no verbales que conforman la expresión del paciente: tono de voz, respiración, dirección de la mirada, gestos, postura, ritmo del discurso. Las intervenciones del terapeuta se basan sólo en lo que emerge momento a momento; nunca, en ideas preconcebidas acerca de su problemática. Se parte de la premisa de que sólo el paciente es capaz de organizar de otro modo sus propios contenidos.

El trabajo terapéutico

Se organiza en torno a cuatro dimensiones facilitadoras básicas:

Atender Tener conciencia	Se promueve en el paciente incrementar la conciencia de sus sensaciones internas, de los estímulos externos y de las relaciones entre ambos. Se trata de aprender a efectuar un enfoque atencional sobre los datos sensoriales básicos. El paciente puede, de este modo, darse cuenta de su tensión muscular, o del estado particular del conjunto de su cuerpo.
Búsqueda vivencial	El paciente explora, mediante ensayo y error, las expresiones y palabras que mejor se ajustan a la sensación que experimenta.
Expresión activa	Es posible, ahora, encontrar una expresión verbal elaborada y satisfactoria que le permita al paciente adueñarse realmente de lo que siente. El empleo de la metáfora suele ser especialmente fecundo en esta etapa.
Contacto interpersonal	El proceso culmina con el aprendizaje del paciente a confiar en su propia experiencia, aceptando sus sentimientos, lo cual se revierte en una mejor relación con el entorno interpersonal.

Modelos conductuales

Las terapias conductuales nacen en la segunda mitad del siglo XX y toman como fundamento el «conductismo», una psicología que busca ajustarse a los principios de las ciencias y a la metodología de estudiar eventos y fenómenos confrontables. Uno de sus fundadores, **John Watson** (1878-1958) establece que el principal objeto de estudio de la psicología no es la conciencia ni los estados internos, sino las conductas públicamente observables. Más tarde (1938), **Burrhus F. Skinner**, un destacado psicólogo de Harvard (1904-1990) introduce fecundas nociones (tales como el condicionamiento operante, la conducta verbal y el moldeamiento) que permiten superar muchas de las limitaciones que presentaba la teoría en sus albores.

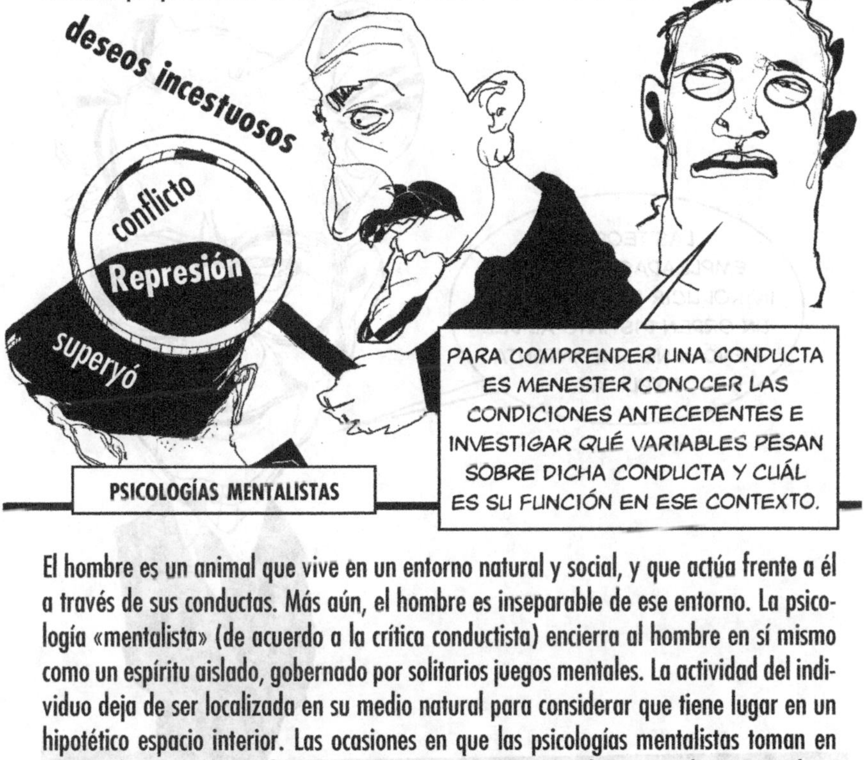

El hombre es un animal que vive en un entorno natural y social, y que actúa frente a él a través de sus conductas. Más aún, el hombre es inseparable de ese entorno. La psicología «mentalista» (de acuerdo a la crítica conductista) encierra al hombre en sí mismo como un espíritu aislado, gobernado por solitarios juegos mentales. La actividad del individuo deja de ser localizada en su medio natural para considerar que tiene lugar en un hipotético espacio interior. Las ocasiones en que las psicologías mentalistas toman en cuenta el entorno lo trasforman en un «entorno interiorizado», que relega a un plano marginal las acciones concretas que sobre él se llevan a cabo. Es un error buscar la causa de la conducta en presuntas entidades mentales: responde al mito cartesiano de la existencia de dos mundos, material y tangible uno, interno e intangible (sustancia pensante) el otro, del cual nuestra cultura no logra liberarse.

El conductismo radical de Skinner

El organismo está en permanente proceso de **operar** sobre el ambiente al desarrollar sus conductas habituales. Ocasionalmente, puede encontrarse con cierto tipo de estímulos «reforzadores» cuyo efecto es generar un «condicionamiento operante»: todo comportamiento es seguido de una consecuencia, y la naturaleza de la consecuencia influye en la probabilidad y aplicación de ese comportamiento en el futuro. Un sujeto no «almacena experiencias» en un espacio psicológico de naturaleza no física: cada experiencia lo modifica real y biológicamente. Lo psicológico no tiene otra realidad que el sistema de interacciones organismo-entorno, sin excluir las que el sujeto establece consigo mismo (conducta verbal encubierta).

Los pensamientos o sentimientos no son autooriginados, sino producidos en nuestra interacción con el medio. Medio, por su parte, es todo lo que afecta nuestra conducta: eventos físico-químicos, biológicos, interpersonales y sociales. La interacción es recíproca: la conducta afecta al medio y el medio a la conducta.

La explicación conductista

Tradicionalmente, se ha recurrido a entidades teóricas inferidas e inobservables que, según se sostiene, explican los fenómenos observados: entidades que actúan sobre otras entidades. Pero, para el conductista, la conducta es una realidad en sí misma, su estudio es un objetivo en sí y no el medio para alcanzar otra realidad: la estructura de la mente no es otra que la estructura de la conducta. Una pequeña parte del universo se encuentra dentro de nuestra piel, y eso no le otorga un *status* ontológico diferente: los términos psicológicos de uso común son válidos como conducta verbal a estudiar, pero no como factores explicativos.

La metodología para explicar los hechos conductuales se vale del «análisis funcional» que establece relaciones entre variables ambientales independientes y variables conductuales dependientes. La forma de tomar control sobre una conducta requiere el manejo de las variables de las cuales la conducta es función.

¿A qué llamamos conducta?

En un sentido amplio, conducta es todo lo que un organismo hace (sea o no públicamente observable), incluyendo acciones no públicamente observables, como el pensar o el sentir. Abarca todo evento que concierne a un organismo que tiene un comienzo, una duración y un final, o respecto del cual se puede decir que ocurre o no ocurre: hay conductas emocionales, verbales, perceptivas, etc. No existe ninguna barrera que permita distinguir el actuar del pensar para el conductista que adopta una postura radical.

Técnicas del conductismo clásico

Existe un denominado «conductismo clásico» luego del cual se producen los últimos desarrollos del conductismo contemporáneo. En ese proceso, las técnicas terapéuticas fueron evolucionando desde intervenciones muy puntuales y directivas en conductas simples hasta formas más complejas y flexibles que incluyen el abordaje de estilos globales de comportamiento disfuncional.

La técnica denominada **desensibilización sistemática progresiva** es concebida por por J. Wolpe. El propio Skinner la pone en práctica con una hija suya que tiene miedo a lanzarse por un tobogán. Comienza por ubicarla casi en la base del mismo y pedirle que se permita deslizar y saltar. Luego un poco más arriba. Luego, más aún, y así sucesivamente hasta llegar a la parte más alta.

Veamos un ejemplo de terapia aplicado a una persona con fobia a las arañas. Se organizan diez escenarios con arañas y diferentes grados de pánico. El primero, muy leve (p. ej., ver una araña pequeña a lo lejos, a través de una ventana). El segundo, un poco más amenazador, y así sucesivamente hasta que el último presente algo altamente temido. El terapeuta lo expone al primer escenario, pero enseñándole cómo relajar sus músculos, lo cual es incompatible con la ansiedad (este elemento es muy importante). Después de repetir esto varias veces, se pasa al siguiente escenario del mismo modo. Finalmente, se logra permanecer frente a una tarántula sin sufrir tensión.

Contracondicionamiento

En el **contracondicionamiento** se parte de una situación más bien neutra que genera una reacción desmedida de angustia (existencia ya de un condicionamiento) y se comienza a asociar un estímulo positivo. La repetición de la experiencia logra ir desalojando ese previo condicionamiento.

El **autoregistro** consiste en prestar una atención cuidadosa a las condiciones bajo las cuales se presenta la conducta desadaptativa. El propio paciente protocoliza la frecuencia, la intensidad, y la duración y las formas de presentación del problema. Además de aportarle mayor conciencia, muchas veces se muestra suficiente para inducir cambios importantes.

Intención paradójica: Se le indica al paciente que intente provocar el síntoma con la máxima intensidad posible. La hipótesis es que el paciente advertirá que no es capaz de cumplir con la indicación del terapeuta: cualquier incremento del síntoma debería atribuirlo a su propia capacidad de control, y toda atenuación, a la baja consistencia del problema que tanto lo preocupa. Sin darse cuenta, el paciente realiza una exposición al síntoma que debilita su fuerza.

Control de estímulos: Se trata de identificar y sustraer los refuerzos positivos que suelen estar presentes en el contexto de una situación problemática, o bien reforzar positivamente conductas alternativas.

Contratos terapéuticos: Algunos terapeutas emplean con sus pacientes un contrato por escrito sobre aspectos puntuales o globales del tratamiento. Consideran que ello contribuye a dar mayor claridad a la relación.

Desarrollos contemporáneos en terapia de conducta

El conductismo de los últimos años ha reparado en la relevancia que tienen las habilidades sociales en la vida de las personas. Independientemente de su capacidad intelectual, los sujetos con escasos recursos para el manejo interpersonal presentan dificultades en sus relaciones con los otros y su rendimiento global. Aislamiento, ansiedad, inseguridad, inhibición y baja autoestima suelen presentarse como típicas consecuencias secundarias que ponen de manifiesto la estrecha relación entre conducta social y salud mental. Como se parte de la premisa de que las habilidades sociales son conductas que pueden aprenderse, esta orientación terapéutica ha diseñado una serie de actividades individuales o grupales capaces de incentivarlas.

Desarrollo de habilidades sociales

Uno de estos procedimientos se orienta a afianzar la conducta «asertiva», que implica:

a) Expresar sentimientos y deseos positivos y negativos de una forma eficaz sin negar o dejar de considerar los de los demás y sin crear o sentir vergüenza.
b) Discriminar entre aserción, agresión y pasividad.
c) Discriminar las ocasiones en las que la expresión personal es importante y adecuada.
d) Defenderse sin agresión o pasividad frente a la conducta poco cooperadora o razonable de los demás.

Conductas no asertivas

La conducta pasiva no hace valer los derechos propios. Evita expresar sentimientos, pensamientos y opiniones o lo hace de una manera derrotista, con disculpas y falta de confianza, de modo que los demás puedan no hacerle caso. Su objetivo es apaciguar a los demás y eludir el conflicto a toda costa. La persona que actúa así se puede sentir a menudo incomprendida, no tomada en cuenta o manipulada. Después de varias situaciones en las que un individuo ha sido no asertivo, es probable que termine por estallar. La probabilidad de que la persona con conducta pasiva satisfaga sus necesidades se encuentra sustancialmente reducida debido a su estilo comunicativo indirecto o incompleto. Su interlocutor puede experimentar también una variedad de consecuencias desfavorables: tener que inferir constantemente los estados subjetivos del otro es una tarea difícil y abrumadora que puede originar sentimientos de frustración, molestia, ira.

En la conducta agresiva, la defensa de los derechos personales y la expresión de opiniones o sentimientos se efectúan de una manera inapropiada y que no toma en cuenta adecuadamente al otro. La conducta agresiva puede expresarse de manera directa, mediante ofensas verbales, insultos, amenazas y comentarios hostiles o humillantes. O indirecta, incluyendo gestos hostiles o amenazantes. Las víctimas de las personas agresivas acaban, más tarde o más temprano, por sentir resentimiento y por evitarlas. Las consecuencias a largo plazo de este tipo de conductas son siempre negativas.

Conducta asertiva

La terapia conductista no se limita a resolver «conductas-problema» en base al análisis funcional de los factores que la sostienen. Suele también proponerse «conductas objetivo» que permitan una mejor interacción de la persona con su entorno social. Tal es el caso de los métodos que emplea para el desarrollo de una posición asertiva.

La conducta asertiva, o socialmente hábil, da expresión a los sentimientos, deseos, opiniones y defiende los derechos propios, pero con actitud de respeto y consideración del otro. No toma nunca la forma de una «reacción» a un hecho externo. Es, por el contrario, un acto conscientemente asumido. Esta actitud requiere reconocer cuáles son sus responsabilidades en una determinada situación y qué consecuencias cabría esperar de la expresión de su posición personal. La conducta asertiva no asegura la ausencia de conflicto entre las partes; su objetivo es la potenciación de las consecuencias favorables y la minimización de las desfavorables.

La asertividad es una habilidad interpersonal susceptible de ser adquirida por un aprendizaje orientado a dar expresión a un deseo a través de la acción de un sujeto cuya satisfacción depende de la dinámica interpersonal. Como consecuencia secundaria suele producir un aumento de las áreas de contacto entre las personas (efecto generativo) que le otorga a la relación una proyección mayor.

Psicoterapia analítica funcional (PAF)

Robert J. Khlenberg y **Malvis Tsai** desarrollan esta modalidad terapéutica a partir de 1991 y ponen especial énfasis sobre un aspecto descuidado por el conductismo clásico: la relación terapéutica. El análisis funcional de la conducta se aplica aquí en el propio seno de la relación terapeuta-consultante, atento a las manifestaciones que este último desarrolla frente al primero y que puedan formar parte relevante de sus dificultades en la vida cotidiana. Precisamente, una de las premisas en que se apoya esta teoría es en la «equivalencia funcional» entre la situación terapéutica y la que se da en la vida ordinaria: se espera que todo cambio producido en la relación se transfiera al ámbito extraterapéutico.

La terapia trata de detectar las conductas clínicamente relevantes (CCR1). Son aquellas que presenta el paciente en sesión y cuya frecuencia o intensidad son objetivo de reducción. También reforzar (CCR2), que son las que muestran las mejorías logradas. Se incentivan las conductas (CCR3), que son las que se refieren a las interpretaciones que el sujeto hace de su propia conducta, que toman en cuenta las condiciones antecedentes y consecuentes de la misma. Se ofrecen al paciente interpretaciones sobre las variables que con mayor fuerza inciden en su comportamiento. Esta terapia rescata, pero bajo otros términos, la piedra angular del psicoanálisis: los fenómenos de la transferencia.

Terapia de aceptación y compromiso (TAC)

Esta variante es desarrollada por el Dr. **Steven Hayes**, de la Universidad de Nevada. La hipótesis en que se fundamenta es considerar que el contexto social verbal es el responsable de la génesis de la mayoría de los trastornos. Ciertas prácticas culturales propician que los sujetos le adjudiquen un rol causal de su propio comportamiento a sus emociones y pensamientos en desmedro de la atención de las verdaderas causas: las contingencias ambientales. Esta terapia no pretende cambiar la conducta sino las condiciones responsables del problema y, en particular, modificar el contexto verbal que las sostiene.

Esta terapia busca una aceptación responsable de las propias vivencias, en el sentido de hacerse cargo y tratar de responder con un distanciamiento comprensivo. Se busca que el paciente advierta que su mayor problema reside en sus infructuosos intentos de control sobre su propia conducta, al abandonar la lucha contra sus propios pensamientos y sentimientos, y establecer un «compromiso a actuar», a seguir adelante en base a sus valores. Es evidente la proximidad que tiene esta terapia con los modelos humanístico-experienciales.

Modelos cognitivos

La terapia cognitiva (TC) y la comportamental convergen en el objetivo común de producir cambios en la conducta y dar relevancia a los fenómenos del aprendizaje. Ambas enfatizan el valor de la situación presente y le asignan al paciente un rol activo en el proceso del tratamiento. Sin embargo, presentan una diferencia fundamental: la terapia comportamental busca modificar el sistema de condicionamientos que refuerza y sostiene la conducta patológica, mientras que la cognitiva trata de actuar sobre procesos internos inferidos que organizan la realidad del paciente.

Las primeras formulaciones en terapia cognitiva surgen en la década del sesenta, a partir de los trabajos de **Aaron T. Beck** y **Albert Ellis**. Habiendo recibido ambos formación en psicoanálisis, deciden explorar nuevos caminos dando relevancia al estudio de los procesos mentales como formas de organización del conocimiento.

Desarrollos

Beck y Ellis presentan una nueva tesis:
Aquellas personas que padecen desórdenes psicológicos se encuentran bajo el influjo de pensamientos y creencias irracionales o erróneas que afectan sus estados emocionales, sus relaciones interpersonales, la visión del mundo y la imagen de sí mismos.

En los últimos años, las terapias cognitivas han tenido un importante desarrollo. Paralelamente han surgido variantes que, a pesar de su diversidad, pueden ser incluidas en dos grandes grupos: TC «racionalistas» y TC «constructivistas».
El grupo de las TC «racionalistas» (Beck y Ellis) tomó la línea de las ciencias duras y mantiene como paradigma el modelo computacional de «procesamiento de la información». Los comportamientos tienden aquí a ser explicados como producto del procesamiento secuencial de la información que se recibe.
Las TC «constructivistas», de aparición más reciente (Vittorio Guidano, Michael Mahoney, O. Gonçalvez), conciben la dimensión cognitiva en relación a la dinámica de la esfera social, y al hombre mismo, un «constructor de la realidad», desde su permanente y esencial acción de asignar significado a los eventos.

Antecedentes

Las nociones afines más antiguas con el enfoque cognitivo provienen de la filosofía griega estoica y del budismo.

Los estoicos proponían que una vida equilibrada y virtuosa requería el dominio de la emoción insensata y perturbadora. Para Epícteto, estas pasiones se originan en la visión que los hombres tienen de los acontecimientos que viven, más que en éstos por sí mismos. En consecuencia, una visión inapropiada podría ser sustituida por otra más racional. En Oriente, la filosofía de Buda afirma que el sufrimiento humano deriva de sus apegos. Y éstos, de una visión engañosa, ilusoria, de la realidad.

¿Qué significa cognición?

El concepto de cognición carece de una definición clara y unívoca. Se lo emplea en referencia a la obtención, la organización y la integración de conocimiento e información. Toma en cuenta los mecanismos involucrados en el acto de conocer, las ideas, los razonamientos y el discurso del paciente. El enfoque cognitivo reivindica el concepto de «mente» y de «representaciones internas» que los conductistas cuestionan.

Algunas preguntas ayudan a su comprensión:

- ¿Qué tipo de inferencias hace la persona?
- ¿Qué tipo de relación establece entre los sucesos?
- ¿De qué manera interpreta los hechos de su vida?

Según algunos, cognición remite a la «forma que asume la organización de la experiencia», tanto en su faz intelectual como emotiva. Concierne al tipo de interpretación, al sentido, a las implicaciones que se aplican a los hechos ya ocurridos o actuales. También comprende el modo de anticipar imaginariamente situaciones futuras. Tienen particular relevancia las cogniciones que una persona formula respecto de sí misma, de su pasado, su modo de anticipar eventos futuros.

Desde el enfoque cognitivo, se considera a la cognición como la clave de los desórdenes psicológicos.

Cognición, afecto, comportamientos

Las cogniciones no son ideas puras. Siempre se encuentran enlazadas a alguna emoción, a algún afecto, a alguna resonancia subjetiva por mínima que sea. Las relaciones entre cognición y afecto, lejos de ser unidireccionales, son recíprocas y complejas. Interpretar una situación de determinado modo puede inducir un tipo particular de emoción y ambas animar cierto tipo de comportamiento. El predominio disfuncional de cierto tipo de conductas puede asociarse a un trastorno.

AFECTO	COGNICIÓN	COMPORTAMIENTO	TRASTORNO
Agresividad	Abuso	Ataque	Paranoia
Alegría	Beneficio	Eufórico	Hipomanía
Miedo	Peligro	Evitación-huida	Ansiedad
Tristeza	Pérdida	Inhibición	Depresión

La corriente clásica en TC es partidaria de abordar los estados afectivos penosos (depresión, miedo, angustia) a partir de los pensamientos con los que se encuentran asociados.

Función de las cogniciones

Todos los organismos vivos de algún modo «conocen». La supervivencia se apoya en la necesidad de conocer el medio que se habita, identificar beneficios y peligros. Todo ser viviente tiene una necesidad de actuar que tiene que ser congruente con las condiciones externas. Ese ajuste lo proporciona el conocimiento. Los animales inferiores lo obtienen de procesos dirigidos instintivamente, pero los superiores, y el hombre en particular, lo logran por medio de representaciones, del pensamiento, en suma... de «cogniciones». La función de las cogniciones es **asignar significado,** coordinar los sistemas emocional, conductual, atencional, y la memoria. Por lo tanto, el significado activa las estrategias de adaptación.

Cimientos de la teoría

Cognición y aprendizaje

Las cogniciones se constituyen a través de un proceso de aprendizaje activo que selecciona y organiza el material a ser aprendido. Lo nuevo es incorporado en forma constructiva y queda vinculado con la estructura cognoscitiva preexistente.

Esquemas cognitivos

Constituyen un conjunto almacenado de conocimientos que interactúa con el procesamiento de nueva información.

La psicopatología da cuenta de la existencia de «esquemas cognitivos desadaptativos». Se caracterizan por ser rígidos, absolutistas y sobreinclusivos (tienden a cubrir por exceso un conjunto de situaciones).

En la ansiedad el contenido del esquema está relacionado con la percepción de amenazas a la integridad física o psíquica

En la depresión, con temas vinculados a la pérdida

Distorsiones cognitivas

El significado que una persona le asigna a algo, más que «objetivamente» verdadero o falso, puede ser **disfuncional** (inadecuado). Esto ocurre toda vez que ese pensamiento conduce a consecuencias indeseables, a resultados fallidos, a un mal encaje entre el sujeto que actúa y el mundo. Los individuos están expuestos, y algunos **predispuestos** a construcciones cognitivas defectuosas (distorsiones cognitivas). Esas predisposiciones son denominadas «vulnerabilidad cognitiva». Existen vulnerabilidades cognitivas específicas que predisponen a las personas hacia formas particulares de padecimiento. «Esquemas cognitivos desadaptativos» y «vulnerabilidad cognitiva» se encuentran estrechamente vinculados.

Modelos cognitivos

¿Qué es un P.A.N.?

Esta sigla designa a los llamados «pensamientos automáticos negativos». Son imágenes y contenidos verbales que ante cierta situación se presentan de modo espontáneo en la conciencia, y dictan, sin fundamento alguno, una evaluación negativa. El sujeto suele aceptarlos tal cual, sin exponerlos a juicio crítico. Se considera que su papel es relevante en la génesis de los estados emocionales penosos.

Beck propone una modalidad para trabajar en psicoterapia con los PAN. Se le pide al paciente que lleve un registro donde debe cubrir cinco ítems.

1. Describir la situación que suscitó la reacción desagradable. Corriente de pensamiento asociada a la sensación desagradable.
2. Formular la oración que mejor traduce a los pensamientos automáticos negativos que experimentó. Evaluar el grado de creencia, de certeza que le produjo (de 1 a 10).
3. Formular la oración que mejor traduce los pensamientos automáticos negativos que experimentó. Evaluar el grado de creencia, de certeza que le produjo (de 1 a 10).
4. Consignar una posible respuesta racional a la misma situación. Evaluar el grado de creencia que le produce (de 1 a 10).
5. Reevaluar la creencia en los PAN.

La orientación racionalista

Las terapias cognitivas de orientación racionalistas, diseñan el tratamiento como un proceso activo directivo, estructurado y de tiempo limitado para tratar las distintas alteraciones psicológicas (depresión, ansiedad, fobias, etc.).

Consideran que el pensamiento irracional es el causante de las emociones negativas y patológicas. La intervención terapéutica se encuentra centrada en el problema y prescinde de los aspectos histórico-biográficos del paciente. Se encamina a explicitar los pensamientos irracionales. La terapia tiene por fin identificar y poner a prueba las falsas creencias y los supuestos desadaptativos del paciente por medio de un grupo de operaciones básicas:

- Descubrir las relaciones entre cognición, afecto y conducta.
- Identificar y modificar las falsas creencias.
- Sustituir las cogniciones desviadas por otras más realistas.
- Identificar y neutralizar los pensamientos automáticos negativos.
- Someter a examen los pensamientos irracionales por medio de evidencias a favor y en contra.

Terapia cognitiva constructivista

En reacción al objetivismo que caracteriza al enfoque racionalista, la postura constructivista destaca el papel del sujeto como organizador activo de la realidad. No existe un mundo externo ni interno de objetos intrínsecos ni autodefinidos. Es el sujeto quien los recorta y define, a partir de su tendencia a la autoorganización. apoyado en las representaciones sociales de la tradición cultural a la que pertenece.

Los terapeutas que trabajan en esta orientación tratan de promover cambios en la conducta por medio del examen y la transformación de las estructuras de significado con que cada paciente ha organizado su realidad patológica. Buscan que los pacientes «descubran» su propia modalidad constructiva.

Para el objetivismo, el conocimiento es una «representación adecuada», tiene «correspondencia con el mundo». Para el constructivismo, el conocimiento es una construcción activa del sujeto que tiene cierto grado de encaje con la realidad (es viable), pero no la representa. Existen indefinidas formas de viabilidad, aunque unas son humanamente mejores que otras.

Las intervenciones se orientan a reestructurar el sentido atribuido a las situaciones. Tratan de desmontar el «diálogo interno» que sostienen sus hábitos disfuncionales de cognición y buscan promover nuevas formas de otorgar significado.

Enfoque sistémico

Para el enfoque sistémico, los problemas de una persona deben ser entendidos a partir del contexto interpersonal y de las pautas relacionales en las que se inserta, particularmente las que conciernen al sistema familiar. Las enfermedades psíquicas, tradicionalmente consideradas como un fenómeno individual (producido por un conflicto interno, una cognición distorsionada, etc.), pasan ahora a ser analizadas por su papel en la red de interacciones del sistema social.

El modo de comprender adecuadamente a un sujeto es en base a las **variables de su entorno, del sistema del cual forma parte.**

Destaca la naturaleza interactiva de la vida humana, y se detiene a examinar cómo los sujetos coordinan sus acciones generando modalidades de interacción. El modelo se formalizó, hacia la década del setenta, a partir de los trabajos comunicativo-terapéuticos de Paul Watzlawick, Don Jackson, Jay Haley y Salvador Minuchin, desafiando la premisa básica de las perspectivas individualistas que considera al individuo una entidad natural con cualidades inherentes y objetivables.

Al dejar de ser el individuo la base de comprensión de la problemática humana, el sistema de relaciones del que forma parte adquiere un mayor protagonismo; se produce un giro fecundo pero demasiado radical: induce un «reduccionismo sistémico» que sujeta irrestrictamente las variables internas del individuo (pensamiento, sentimientos, creencias y emociones) a su función en el seno del sistema. Esta tendencia a la «disolución del sujeto en la trama de sus relaciones» ha intentado superarse en años recientes.

¿Qué es un sistema?

Un sistema consiste en un conjunto de elementos (no necesariamente materiales) y un conjunto de relaciones que se definen entre ellos. Toda entidad o bien constituye por sí misma un sistema o al menos pertenece a algún sistema.

No se trata de un fenómeno objetivo, sino de un problema de conocimiento: es el propio observador quien efectúa el recorte particular que configura y define al sistema en función de aquello que le interesa estudiar.
La propiedad más importante de los sistemas complejos es su **autorregulación.** Puede verse a través de un ejemplo presa-predador (liebres y lobos).

Autorregulación

- Si hay abundancia de liebres, los lobos encuentran mucho alimento y se reproducen en cantidad.

- Al aumentar su número, aumenta la depredación y disminuye el número de liebres.

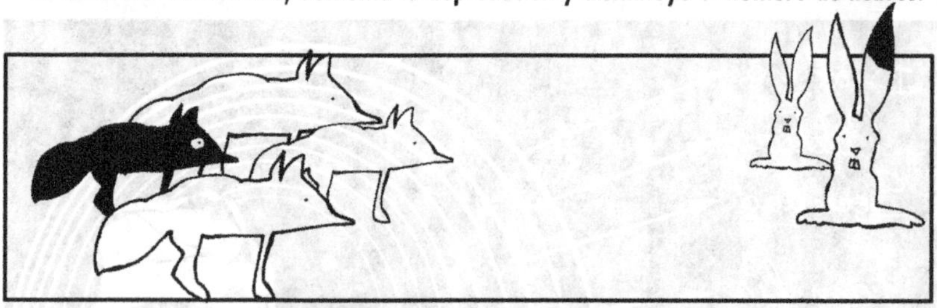

- Los lobos ya no encuentran alimento suficiente y decrecen en cantidad.

- Las liebres encuentran mejores condiciones para reproducirse.

- El ciclo se renueva y se estabiliza con fluctuaciones pendulares.

Si se incluyeran otras variables (otros animales, condiciones climáticas y ecológicas, etc.), el ejemplo sería más cercano a la realidad, volviéndose complejo. El conjunto presentaría una estructura bastante estable a pesar de sus fluctuaciones: el sistema se autorregula. Cada pequeño segmento del proceso podría ser pensado en forma causal (muchos lobos diezman a las liebres), pero el conjunto no. La compleja red de procesos circulares no lo admite. Algo semejante ocurre con la interacción humana.

Retroalimentación

Un sujeto A al interactuar con otro B configuran un sistema con procesos que no admiten la explicación causal lineal. La respuestas de B retroactúan sobre A, recíprocamente. Se produce así una dinámica que se presta mejor a la descripción (el cómo) que a la explicación (el porqué).

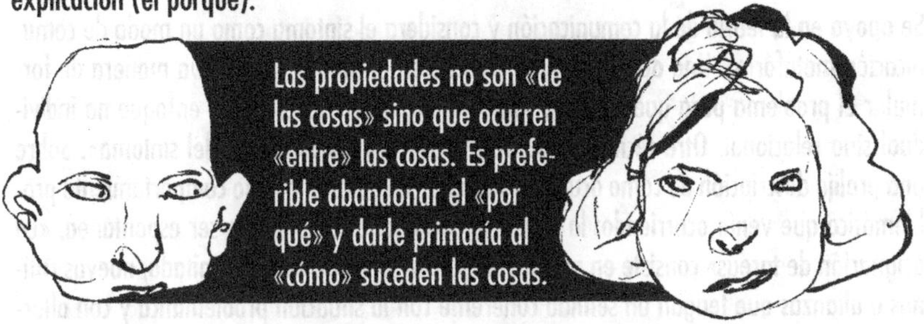

En una familia se puede considerar un nivel inferior del sistema en el cual los elementos son las personas y las relaciones, sus comunicaciones. Si el análisis se detuviera aquí, no resultaría particularmente fecundo. Se limitaría a identificar las pautas típicas de comunicación de los miembros de la familia. Un avance mayor se logra si se considera un «metasistema»: el que toma como elementos las comunicaciones y estudia cómo se relacionan éstas entre sí (o sea, «relaciones de relaciones»).

Nivel 1: ¿Cómo se comunican entre sí estas personas?
Gesticulan, se insultan, se dicen cosas amables.

Nivel 2: ¿Cómo se relacionan entre sí sus comunicaciones?
(Las agresiones generan una escalada violenta...)

Variantes del enfoque sistémico

Existen tres modelos de terapia sistémica: estratégico, estructural y constructivista. Cada uno de ellos tiene un grupo de conceptos básicos y una técnica particular.

Modelo estratégico

Se apoya en la teoría de la comunicación y considera el síntoma como un modo de comunicación metafórico. Una de sus técnicas consiste en encontrar una nueva manera de formular el problema para que se torne solucionable, en el marco de un enfoque no individual sino relacional. Otra técnica bastante utilizada es «prescripción del síntoma». Sobre una prolija descripción de cómo ocurre el síntoma, se indica el mismo comportamiento problemático que venía ocurriendo: la conducta sintomática deja así de ser espontánea. «La asignación de tareas» consiste en promover, por un lapso de tiempo limitado, nuevas rutinas o alianzas que tengan un sentido coherente con la situación problemática y con alternativas para solucionarla.

Modelo estructural

Este modelo repara en ciertos ciclos repetitivos (recurrencias) que tienen lugar en la dinámica interpersonal.

El terapeuta, tras observar los subsistemas y sus transacciones, investiga los procesos secuenciales de la organización familiar y trata de construir un «diagrama estructural». Lo completa observando alianzas, jerarquías y roles de los miembros. Sobre esta base trata de identificar las secuencias disfuncionales y de encontrar nuevas vinculaciones posibles.

Una técnica denominada «desequilibramiento» consite en provocar una crisis intencionalmente a partir de la introducción de una novedad significativa en el sistema. Por ejemplo, bloqueando las estrategias habituales de reducir la tensión, quebrando una regla crítica que es la mantenedora del problema, o bien pautando un grupo de escenas en la conducta del grupo familiar que conmuta el rol de los protagonistas habituales.

Modelo constructivista

Presta especial atención a la visión de mundo y las creencias que imperan en el sistema. Se observan las historias que las personas crean sobre sus vidas y las versiones que crean acerca de los otros. «Resignificación» consiste en cambiar el significado de los mitos o eventos familiares. Este modelo considera que no hay restricción por principio acerca del modo en que debe ser significado un acontecimiento. El acontecimiento es más bien su modo de ser narrado.

Se asume que todas las cosas tienen tantos significados como visiones del mundo, creencias o modos de establecer puntuaciones entre sucesos exhiben las personas.
El enfoque narrativo interno al modelo constructivista le otorga primacía a los relatos vitales construidos a través del *filtro de la conciencia.* Se induce al paciente a asumir una postura reflexiva fomentando el sentido de la autoría y la re-autoría de su propia vida, buscando nuevos modos para contar su propia historia.

Investigación en psicoterapia

Al considerar los resultados que se obtienen en los tratamientos, hay tres tipos de estudios que se realizan: de eficacia, de efectividad y de eficiencia.

Estudios de eficacia: investigan qué tratamientos o técnicas logran mejores resultados para cada tipo de problema o trastorno (suelen tener limitaciones para generalizar sus resultados).

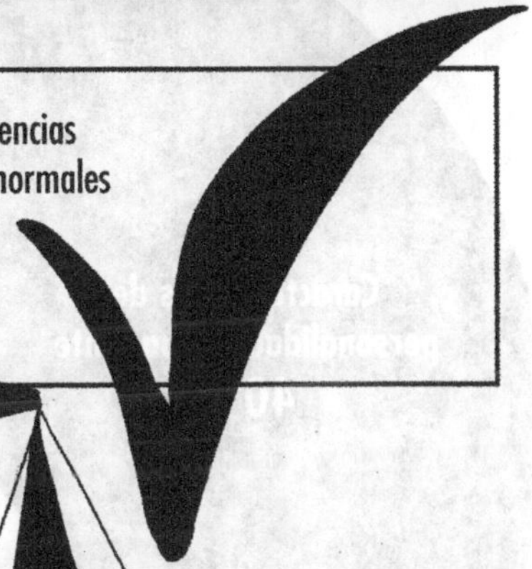

Estudios de efectividad: buscan las evidencias de los resultados esperados en condiciones normales de tratamiento: mejorar el funcionamiento general del sujeto además de aliviar síntomas específicos.

Estudios de eficiencia: se plantean la relación costo-efectividad. Un tratamiento es eficiente si logra resultados con un costo menor que otras alternativas.

Efectividad de las terapias

Al evaluar el grado de efectividad de las psicoterapias, se elaboraron numerosas investigaciones. Se destacan los trabajos de **Luborsky** (1975) y de **Lambert** y cols. (1986, 1992) que, al rebatir algunas conjeturas previas, arrojan luz sobre puntos importantes:

1. No es posible determinar el grado de superioridad de un enfoque terapéutico sobre otro en términos generales (en términos particulares, pueden ocurrir: cuando se considera determinado tipo de paciente).
2. Los factores que tienen mayor incidencia en el éxito de un tratamiento se vinculan, en primer término, al propio paciente, y en segundo, a aspectos de la relación terapéutica que resultan comunes a todas las modalidades («factores comunes»).

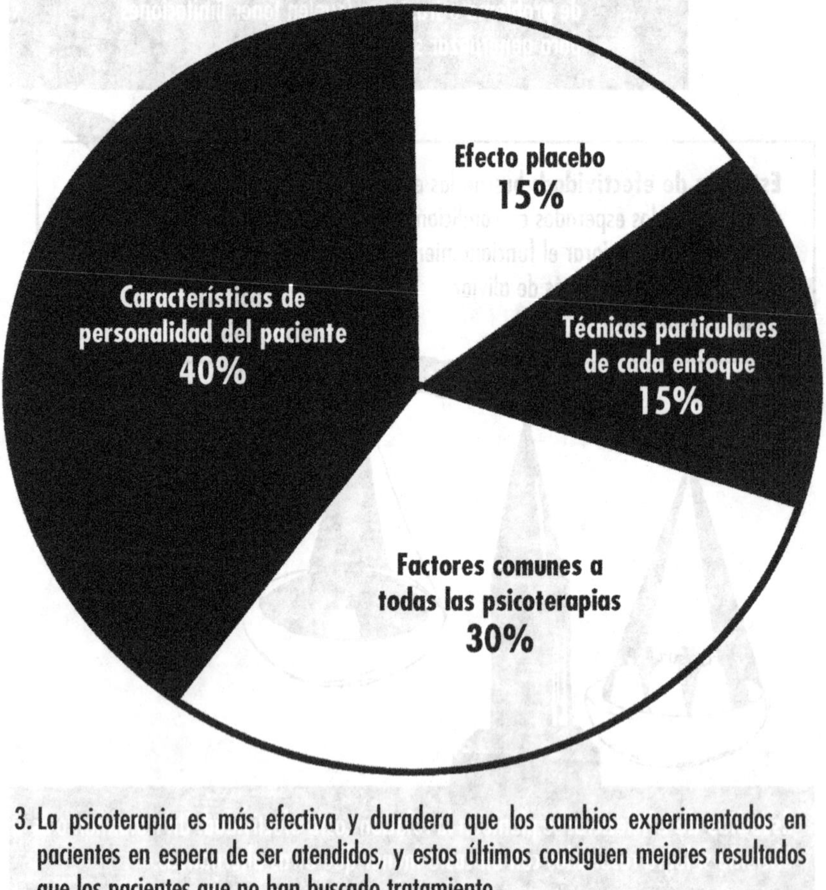

3. La psicoterapia es más efectiva y duradera que los cambios experimentados en pacientes en espera de ser atendidos, y estos últimos consiguen mejores resultados que los pacientes que no han buscado tratamiento.

Movimientos integradores en psicoterapia

El crecimiento continuo de las teorías psicológicas y los enfoques psicoterapéuticos de las últimas décadas fue paralelo a la desilusión por contar con una teoría verdadera y única acerca de la naturaleza o dinámica de los problemas humanos, como también acerca de la modalidad óptima para producir un cambio deseable.

En base a esta realidad, muchos terapeutas comenzaron a permitirse una apreciable cuota de eclecticismo, tanto en la aplicación de recursos técnicos como en la articulación de aspectos teóricos. Pero otros creyeron que era oportuno encauzar tal diversidad y encararon el proyecto de constituir un «enfoque integrador en psicoterapia». Pueden distinguirse cuatro orientaciones.

1. **Electicismo Asistemático:** Estos terapeutas seleccionan las intervenciones según sus preferencias, por lo tanto no configuran una propuesta orgánica.

2. **Integración en base a los factores comunes:** Enriquecer los recursos de cada enfoque mediante la incorporación de los aportes de otras escuelas.

3. **Integración teórica:** Propugnan una integración entre los modelos principales a nivel de sus nociones básicas.

4. **La integración técnica:** centra su interés en los procedimientos terapéuticos efectivos con independencia de las cuestiones teóricas.

Psicoterapia y personalidad

Las relación entre personalidad y psicoterapia se encuentra en fecundo proceso de estudio. Sobre esta línea se destacan los trabajos de **Eysenck** y, en forma más reciente, los de **Larry Buetler**, que expondremos de modo simplificado a continuación.

Eysenck, partiendo de su modelo factorial de la personalidad, aísla cuatro elementos. La interacción de éstos con el tipo de tratamiento que se emplee pueden dar lugar a resultados diferentes.

Neurotisismo: se refiere a la vulnerabilidad del sujeto a la neurosis y se vincula a la baja tolerancia, el estrés, la frustración e incluso el dolor físico. Expresa la dimensión de estabilidad/inestabilidad de una persona.

Introversión: corresponde a la tipología de Jung descrita oportunamente.

Extraversión: ídem anterior.

Psicotisismo: hace referencia a la tendencia del sujeto hacia la conducta francamente anormal.

Interacción de los factores

1. **Sujetos introvertidos con alto grado de neuroticismo:** Resultan propensos a los trastornos por ansiedad y a los trastornos del estado de ánimo (distimias). Incluyen los trastornos de la personalidad evitativos, obsesivos y por dependencia.

2. **Sujetos extravertidos con alto grado de neuroticismo:** Son propensos a los trastornos de tipo histérico-conversivo. Incluyen los trastornos de la personalidad histriónico, narcisista, antisocial y límite.

3. **Alto psicoticismo, introvertidos o extravertidos** (trastornos psicóticos, por ejemplo): Adquiere importancia el recurso farmacológico.

Compatibilidad entre tipo de psicoterapia y paciente

El modelo desarrollado por Larry Beutler, denominado «Psicoterapia ecléctica sistemática», toma en cuenta las investigaciones que se han desarrollado sobre éxito terapéutico. El problema que busca resolver gira en torno del recurso terapéutico más adecuado en función de las variables del paciente que resultan relevantes en el proceso de su tratamiento.

Según se propone, las alternativas con mayores posibilidades serían:

Para pacientes con alta reactancia (que se resisten a ser influenciados) y que además son «internalizadores»: una psicoterapia no directiva centrada en el conflicto (psicoanalítica o rogeriana).

Para pacientes con alta reactancia (que se resisten a ser influenciados) y que además son «externalizadores»: una psicoterapia no directiva, centrada en el síntoma (sistémica o estratégica).

Para pacientes con baja reactancia (que no se resisten a ser influenciados) y que además son «internalizadores»: una psicoterapia directiva centrada en el conflicto (gestáltica, experiencial).

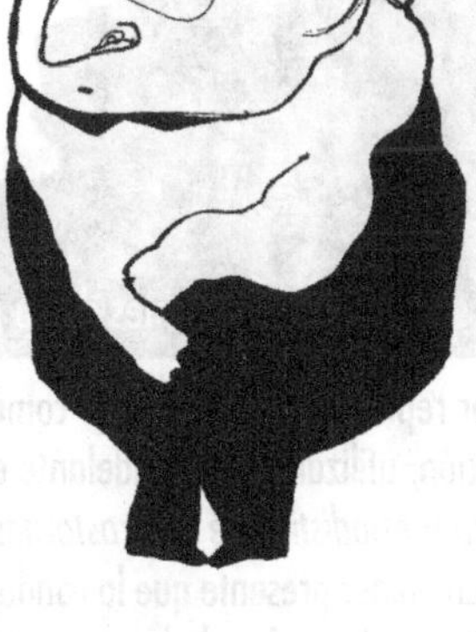

Para pacientes con baja reactancia (que no se resisten a ser influenciados) y que además son «externalizadores»: una psicoterapia directiva centrada en el síntoma (cognitivo-comportamental).

Trastornos de la personalidad (TP)

En términos simples, se habla de «trastornos de la personalidad» cuando el modo habitual de ser de una persona afecta de forma sistemática y negativa a otros o a sí mismo. En palabras un poco más académicas, cuando se presenta un patrón relativamente fijo e inflexible de experiencias internas, relaciones interpersonales o reacciones que resultan socialmente desadaptadas. Ese conjunto de pautas de conducta se extiende a una amplia gama de situaciones y tiene por consecuencia un malestar clínicamente significativo, o bien, dificultades importantes en las distintas áreas de actividad de una persona. Quienes padecen TP son propensos a tener problemas con su entorno humano.

Pocos son conscientes de su problema y buscan tratamiento por propia decisión.

Por representar un lenguaje común entre clínicos e investigadores de muy diferente orientación, utilizaremos en adelante el término **trastorno** de acuerdo con el *Manual diagnóstico y estadístico de los trastornos mentales* (cuarta edición) (DSM-IV). Sin embargo, conviene tener presente que la conducta no puede ser normal o anormal intrínsecamente: esos criterios dependen de las perspectivas y las circunstancias socio-histórico-culturales.

Los TP se hacen notorios al principio de la edad adulta, tienen una severidad muy variable y tienden a durar toda la vida. En las páginas que siguen, describiremos a un grupo de ellos en «forma pura», pero en la realidad los rasgos pueden aparecer complejamente entramados. Lo usual es ver combinaciones de varios, con predominio de uno de ellos sobre el resto.

Las descripciones de los TP muestran aspectos que, en forma atenuada y flexible, se encuentran presentes en las personas normales. Los sujetos normales suelen tener un estilo habitual para afrontar situaciones, pero son capaces de intentar otros modelos de conducta. En cambio, las personas con trastornos de la personalidad carecen de esa flexibilidad.

En resumen:

- Presentan rasgos globales disfuncionales estables en el tiempo.
- Baja capacidad para reconocer el problema propio.
- Tendencia a la «egosintonia»: la disfuncionalidad se encuentra naturalizada, pueden sentirse bien tal como son.
- En algunos casos, hay reconocimiento del problema pero sin poder hacer nada para modificarlo.

Psicoterapia de los TP

Las psicoterapias de los TP suelen ser de larga duración porque no se trata, en estos casos, de modificar aspectos periféricos, conductas disfuncionales puntuales, o un síntoma particular. Es la organización central de la persona la que se encuentra afectada. Sin embargo, el tratamiento en modo alguno trata de forzar un cambio que ataque la identidad del paciente. El objetivo es promover la ampliación del estereotipado repertorio de sus posibilidades relacionales.

Como se trata de sujetos con elevada tendencia a transferir sobre la figura del terapeuta sus pautas vinculares problemáticas, la relación terapéutica misma y el adecuado manejo de los llamados «fenómenos transferenciales» resultan decisivos en el proceso. La orientaciones psicodinámicas, cognitivo-integrativas y algunas humanísticas suelen ser más adecuadas que los tratamientos comportamentales u otras variantes centradas en la resolución de síntomas clínicos. Pero es especialmente aquí donde la experiencia y la habilidad profesional desempeñan el papel crucial.

Personalidad histriónica

El tipo histriónico de personalidad (también llamado histérico) se caracteriza por un comportamiento ostensible, una emotividad desbordante y un desmedido intento por ser el centro de atención de los demás. Su autoestima tiende a ser regulada por el éxito o fracaso de ese fin, perseguido en general por medio de conductas escénicas y teatrales. Casi siempre notorios y grandilocuentes, suelen ser «el alma de una fiesta». Entran rápida y fácilmente en relación con los otros, desplegando habilidades sociales de diverso carácter, pero la profundidad de los vínculos que crean es baja, lábil, inestable, pasajera.

El sujeto histriónico crea permanentemente escenas desde una posición egocentrada. Parece representar un personaje, a veces seductor o sensual, otras doliente o dramático, en ocasiones divertido y festivo, pero casi siempre excesivo y nada auténtico.

Su emotividad es infantil y suele expresarse de modo exagerado con el propósito de agradar, impactar, controlar o manipular a los demás. Es proclive a la fantasía, a vivir en un mundo de irreales ensoñaciones. Puede incluso tener conductas fabuladoras, mitómanas, e incurrir con frecuencia en la mentira, a veces, gratuitamente. En ellos habita un deseo permanentemente vivo, activo, pero sobre un fondo de insatisfacción. Parecen desear con intensidad pero sin saber realmente qué.

A veces tienden a exhibir conductas sexualmente provocativas o bien a «erotizar» la mayoría de sus relaciones. Pero si bien buscan despertar un deseo irrefrenable en el otro, evitan particularmente ofrecerse como el objeto que lo satisface. Sus relaciones suelen ser bastante inconstantes: por un lado, porque se desilusionan tan fácilmente como se fascinan por alguien. Por otro, porque temen no poder «sostener el personaje» que han representado ante otros y buscan retirarse a tiempo de la escena antes de que quede en evidencia la impostura.

El pensamiento es de tipo «impresionista», destacando el carácter sensible de las cosas en términos de la polaridad «atracción-rechazo»: *esto es repugnante, eso otro es maravilloso.* Tienen una gran dificultad para mantener una visión relativamente objetiva de las cosas y de las personas. Su perspectiva pasa a ser en extremo subjetiva y dicotómica, construyendo argumentos que se apoyan en emociones mucho más que en razones. Sus descripciones abundan en adjetivos, la atención es dispersa, la percepción apunta más bien a lo global que al detalle.

También buscan que otro los garantice. Le exponen así sus necesidades y falencias con expectativa de inducirlo a que las resuelva. Actúan como si fuera natural que su rol es destacar el problema y el del otro, darle la solución. Para facilitar tales fines, ofrecen a cambio el premio de su fugaz admiración.

A pesar de la notoriedad que tienen sus rasgos de comportamiento disfuncionales, se trata en general de pacientes con buen margen para verse beneficiados por una psicoterapia. Por una parte, tienen una elevada disposición para constituir una rica «relación transferencial» (paciente-terapeuta) porque tienen una estructura de base que los coloca fuertemente en «referencia a otro». Son personas dispuestas a interrogar e interrogarse, y a confiar que un proceso terapéutico puede ofrecerle respuestas. A veces, esas expectativas, junto a la figura del terapeuta, resultan sobredimensionadas.

Su tratamiento

El terapeuta se abstiene de desempeñar un rol consonante con la idealización que el paciente le obsequia o con el cual, sin saberlo, busca sobornarlo. Su función más bien será conducirlo a una consideración más realista de sí mismo, del carácter de sus relaciones y de los hechos concretos de su vida, que acoten cierta proliferación de la visión imaginaria.

Muchas veces, tienden a fragmentar selectivamente el relato que ofrecen al terapeuta, pretendiendo hacer nacer en él un juicio condenatorio hacia los otros.

El deseo de que el terapeuta se expida a su favor y desde un posicionamiento emotivo, organiza un discurso en voz pasiva con moraleja de frustración: *lo que los otros me hacen.* Omite sistemáticamente la conciencia de su rol eminentemente activo, con frecuencia irruptivo y pobremente balanceado por la consideración de las perspectivas y motivaciones ajenas.

En suma, se trata de crear las condiciones **para que se vea** y descubra el modo estéril que emplea para que los otros vean lo que querría dar a ver.

Personalidad obsesiva

La personalidad obsesiva es rígida, formal, ordenada y metódica, pero también indecisa, carente de espontaneidad y de flexibilidad. Ante un problema, tienden a analizar puntillosamente todos sus aspectos, pero estas consideraciones, lejos de facilitar la toma de una decisión, parecen estar al servicio de postergarla. Son propensos a dejar tareas pendientes y lo más importante, para último momento. Paralelamente, se martirizan y se culpan por ello sin hacer nada para cambiarlo.

Viven bajo el peso de un deber que cuando no es real se ingenian en inventar, pero a la vez sueñan con una liberación futura de vida plena. Es común que sientan que la vida que viven no es su verdadera vida, sino, otra que estaría por llegar. Por eso, su vivir semeja una espera que mantiene siempre abierta su chance fundamental. Pueden empeñarse en los detalles de una tarea buscando una perfección que demora indefinidamente o impide la conclusión de la misma.

¿Deseo u objeto?

Cuando se comunican, se esmeran al extremo en ser detallistas y objetivos, pierden el sentido global que ese acto tiene y suscitan en el interlocutor sensación de una impaciente pesadez.

Deseo y objeto se encuentran en recíproca exclusión en el obsesivo: siente el deseo si no tiene el objeto; pero cuando logra el objeto, pierde su deseo. Para que pueda desear necesita un objeto imposible, preservado de llegar a sus manos («objeto» en sentido genérico: mayormente, éste es una persona).

Suelen referirse a las situaciones cotidianas que viven como si fueran domadores de fieras: realzan el desafío que representan, para destacar su capacidad de control y de dominio. Los objetos son un medio para plantear su verdadera cuestión en otra parte: las hazañas que son capaces de hacer, mucho más que la medida en que éstos los gratifican. Los requieren para incluirlos en un relato de glorificación de sí mismos.

Sobreexigencia

No saben disfrutar simplemente de las cosas. No pueden distenderse. Muscularmente tensos, buscan cualquier actividad esclavizante aún en su tiempo libre. Tercos, escrupulosos y sobreexigentes, pretenden que todo tenga un fin utilitario. Si un padre obsesivo le cuenta un cuento a su hijo, no lo hará para que goce ese momento, sino con propósito instructivo.

Las acciones suelen orientarse en el sentido de despejar la incertidumbre, buscando una certeza poco compatible con los contornos imprecisos de toda realidad humana. Por, y a pesar de ello, dudan permanentemente. Pero, en especial, ante cualquier decisión, por mínima que sea. Tienden a guardar, atesorar y acumular cosas obsoletas o sin valor alguno. Reacios a delegar tareas en los demás, creen obstinadamente que hay una sola forma de hacer las cosas de manera correcta. Su propia perspectiva no admite otras y esto provoca en los otros frustración y fastidio.

Almidón y gloria

Experimentan una gran dificultad para expresar sentimientos, especialmente si éstos son tiernos o de sincera gratitud. Tampoco se muestran cómodos frente al comportamiento afectivo de los demás. No formulan halagos. El lenguaje corporal se encuentra robotizado, rígido, sin gracia ni ritmo. En este contexto, su baja aptitud para la danza refleja una gran dificultad para coordinar armónicamente su vida a la de otros.

Buscan garantizar al otro. Atentos a sus necesidades y falencias, suelen ofrecerse como el salvador heroico que las resuelve para retirarse luego de la escena sin reclamar nada a cambio. Su gesto parece más bien dirigido a otra mirada mucho más universal, que todo el tiempo lo sigue y a la que buscan colmar con sus virtudes e irreprochables oficios.

Anhelo de perfección:

Su tratamiento

La expectativa del paciente obsesivo en tratamiento es llegar a ser más perfecto. Todas las personas experimentan una brecha entre la imagen que tienen de sí mismas (cómo se ven) y la que corresponde a su propio ideal (cómo desearían verse). Esta distancia (que se vincula a la autoestima) en el sujeto obsesivo es una fuente de padecimiento. Gran parte de la tarea será hacerles ver que su problema no es tal falta de perfección sino, precisamente, cómo esa pretensión imposible los tiraniza. La labor del terapeuta requiere habilidad para sortear el lugar ambiguo en que suele ser colocado por el paciente: éste lo convierte en el destinatario de un relato del cual, prácticamente, no espera respuesta. Sus palabras encontrarán el gesto sin sorpresa de un paciente que dirá que esas ideas ya las había considerado o puesto a prueba, y en cierto modo, desechado.

Otro plano fundamental es conducirlo a asumir su condición de sujeto deseante, dejando de orbitar en torno a las necesidades y demandas de los otros. Tal independencia requiere superar un profundo miedo a la libertad y al error. Finalmente, rescatarlo de las ficciones de futuras glorias o recompensas que le expropian la posibilidad de vivir el presente y comprometerse afectivamente en sus relaciones.

Personalidad evitativa

La conducta evitativa se encuentra vertebrada por el intento de evadirse de las situaciones de exposición social o interpersonal. Cuando no lo logran, los invade un miedo incoercible a caer mal, a no saber qué decir, a ser criticados o quedar en ridículo. Parecen no estar dispuestos a actuar si no cuentan con la improbable certeza de la aprobación unánime. Conocer gente nueva o afrontar situaciones no familiares se convierte en fuente de una gran ansiedad.

La novedad es vivida con un miedo paralizante. Ante la eventualidad de una leve crítica, no reaccionan con cólera manifiesta sino con retraimiento y dolor. Con el fin de evitarlo, su estrategia se dirige a asegurarse el afecto y la aprobación de los demás, conscientes, a su vez, de las pocas habilidades sociales que disponen. A pesar de que las situaciones sociales les resultan especialmente incómodas, también pueden padecer el aislamiento. En una reunión tienden a sentirse demasiado «visibles» y angustiados si la mirada de los otros por algún motivo se dirige a ellos.

De paso

Su falta de comodidad en las relaciones resulta contagiosa y provoca que el ocasional interlocutor a menudo también la sienta.
Se presentan como si estuvieran «de paso», reclamados por otra situación o compromiso. Ante el menor signo de discrepancia en el otro, dan curso a sus maniobras de promesa y apaciguamiento.

Suele afirmarse que poseen muy bajo nivel de autoestima, pero también puede sostenerse lo contrario: viven como si esperaran ser descubiertos en su auténtico valor y admirados para siempre. Mientras tanto, sienten que los escenarios que la realidad ofrece nunca son los adecuados como para demostrar su valía. Más bien padecen una forma de orgullo paralizante. Exponerse en público es una amenaza a esa imagen absoluta que protegen y pretenden para sí.
Necesitan, además, poder dejar de estar en cualquier situación cuando lo deseen. Difícilmente están de lleno en algo, más bien suelen moverse entre las cosas sin establecerse definitivamente. Dan así la impresión de estar permanentemente de viaje, o en estado de movilización. Pero esta movilidad hace que el vínculo con los otros sea precario. La propia visión de sí mismos nunca llega a estabilizarse: no saben con firmeza dónde están, cuál es su destino y qué lugar tienen los otros en su vida.

Ni muy cerca ni tan lejos

Su tratamiento

Al iniciar un tratamiento se observa su particular ambivalencia: «no saben si podrán quedarse», si cuentan con horarios compatibles, o bien si su caso es para ser tratado en los términos que se trate. «*Tal vez lo indicado esté en otra parte...*» Esto requiere que el terapeuta proponga un encuadre flexible. Particularmente, puede resultar útil plantearle al paciente una etapa inicial corta, «exploratoria», finalizada la cual se considerará en forma conjunta la posibilidad de continuar con otra etapa.

Si logra crearse un vínculo que posibilite la consecución de la labor terapéutica, la fase siguiente constituirá un sistemático trabajo de discriminación, de establecimiento de distinciones y exploración de significados. Son pacientes a los cuales les cuesta hablar de sí mismos, su mundo interior resulta opaco. Se trata entonces de buscar iluminarlo e ir reconociendo el perfil, la ubicación y la dinámica de cada objeto, sabiendo que la proximidad los ahoga, la distancia los angustia y el punto adecuado se corre todo el tiempo.

Personalidad narcisista

Los sujetos narcisistas se consideran a sí mismos seres excepcionales, superiores e importantes, por lo tanto merecedores de un trato preferente. Exhiben sus logros y talentos de modo exagerado asignando a los otros el papel de audiencia a la que sólo cabe admirar su brillantez. Buscan vincularse a gente prestigiosa o con elevado *status*. Suelen creer que los otros los envidian. Intolerantes a la críticas reaccionan con profundos sentimientos de rabia, vergüenza o humillación. En la persecución de sus metas se sirven de los otros, sintiéndose asistidos por un derecho natural. Carecen de empatía para captar los sentimientos y las motivaciones de los demás.

Su tratamiento

Busca ayudar a estas personas a tener una relación más positiva y considerada con los demás. Promoviendo un mayor descentramiento personal y una aceptación genuina del otro en su propia singularidad. Es útil partir de sus sentimientos egodistónicos (penosos para sí mismo) que pueden girar en torno a verse a sí mismo como fraudulentos o experimentar un reducido sentido de su propio vivir. El resultado varía según la severidad del trastorno.

Personalidad esquizoide

Las personas con una personalidad esquizoide son particularmente introvertidas y distantes. Tienen una apariencia solitaria, indiferente, ensimismada y fría. Nunca manifiestan emociones intensas, como la ira o la alegría. Rehuyen temerosamente del contacto social como si representara un peligro. No hablan, eluden toda intimidad con los demás. El déficit de su vida de relación, su profundo aislamiento, suele estar compensado por una prolífica actividad imaginaria. Con frecuencia se entregan a la ensoñación o bien a especulaciones teóricas en torno a temas abstractos.

Suelen experimentar al otro como un ser intrusivo frente al cual no tienen más recursos que el repliegue. La presencia ajena toma un carácter destitutivo de su persona. Por eso, el modo de mantener su ser es a distancia.

La seguridad de la lejanía

Prefieren desempeñar trabajos solitarios o nocturnos para reducir al menor grado su trato con personas. Pueden sentir que las responsabilidades los abruman, orientándose principalmente hacia actividades que no requieran implicación personal.

Su tratamiento

Aquello que en otros pacientes es un punto de inició en éstos es el punto de llegada: constituir un espacio básico de relación que permita el despliegue de su intimidad. Más allá de lo atinente de sus intervenciones, es fundamental la actitud del terapeuta: es preciso que se muestre continente, sabiendo esperar al paciente, pero sin el menor signo de intrusividad. Cálido, respetuoso y valorativo. Es posible capitalizar la gran capacidad de introspección de estos pacientes, especialmente cuando se ha llegado a desarrollar una buena relación de confianza con el terapeuta. A pesar de su tendencia a permanecer en silencio, pueden también beneficiarse con terapias de tipo grupal y mejorar su contacto social.

Personalidad paranoide

Las personas con personalidad paranoide son desconfiadas, susceptibles y suspicaces. Suelen considerarse maltratados o victimizados por los demás. Constantemente «panean» el entorno y evalúan las actitudes de los otros buscando «claves» que les permitan inferir los rasgos de la supuesta realidad oculta que los acecha. Sobre estas suposiciones actúan «reactiva y defensivamente» de modo agresivo. El rechazo que encuentran en los otros es interpretado bajo el mismo patrón, alimentándose el círculo vicioso. Suponen *conspiraciones* sin fundamento. Suelen mantener una actitud solemne y grave, con quiebres aparatosos de planteos querellantes.

Afectivamente son individuos fríos, egocéntricos y rígidos. Son rencorosos, proclives a sentirse ofendidos y tienen una notoria incapacidad para perdonar. Celosos en extremo, reaccionan a menudo de forma agresiva.
Frente a lo que consideran sus derechos, adoptan una actitud tenaz y desmesuradamente combativa. Predispuestos a sentirse seres importantes, tienden a la autorreferencia (creencia que todo comentario los alude o todo lo que ocurre les concierne).

Suspicacia:

Su tratamiento

Rara vez buscan tratamiento por sí mismos, cuando ocurre es más bien por instancia de otros (familiares, entorno laboral), pero en actitud proclive a malinterpretar tales sugerencias.

Constituyen uno de los casos más difíciles y de pronóstico menos favorable, porque el propio vínculo terapéutico que generan resulta siempre amenazado por su desconfianza. Son especialmente refractarios a tomar conciencia de que su forma de comportarse está alterada.

Dado que no logran apartarse de una **postura defensiva,** las interpretaciones y señalamientos que se le formulan deben tener el especial cuidado de no aumentar la susceptibilidad. El terapeuta no debe intentar «rectificar» las interpretaciones distorsionadas del paciente, bajo riesgo de toparse con una resistencia insalvable o el abandono abrupto de éste. Es preferible activar nuevos recursos, internos al paciente mismo, desde una actitud «desarmada» pero a la vez segura y distendida. Los tratamientos no directivos son preferibles a los «directivos», pues éstos corren el riesgo de toparse con fuertes defensas oposicionistas y aumentar las posibilidades de abandono del tratamiento.

Personalidad dependiente

Las personalidades dependientes se sienten incapaces de tomar decisiones y buscan que otro lo haga por ellos. Soportan mejor el error de otro que gobierne sus vidas que la mera eventualidad del propio. Son temerosos e inseguros: ante problemas, incluso simples, temen no saber qué acción sería la adecuada o cuál el juicio oportuno. Tienen una imagen de insuficiencia personal tan elevada que buscan reducir al mínimo el riesgo de una soledad considerada catastrófica, anteponiendo las necesidades de los otros a las propias, y evitando contrariar a la persona de la cual dependen.

Su tratamiento

Estos pacientes requieren una psicoterapia intermedia o prolongada. Entre los objetivos principales, se trata de revertir la extrema pasividad que adoptan ante los otros y que suele derivar en un vínculo de maltrato. Es importante desbaratar la falsa creencia de que toda afirmación de sí mismos concluirá fatalmente en la soledad, pero también que logren desprenderse de los importantes beneficios secundarios que encuentran en la dependencia.

Personalidad depresiva

La depresión, como estado anímico, triste, abatido, desanimado... suele presentarse transitoriamente en la vida de cualquier persona normal por motivos diversos. Pero hay casos en los que parece instalarse como rasgo, como un modo de ser en el mundo. La personalidad depresiva siente que un destino de exclusión y soledad le ha sido insalvablemente asignado. Entre ellos mismos y los demás, se intercala una brecha insistente que les niega acceso a un mundo al que anhelan ingresar sin esperanza de lograrlo.

En ocasiones, alcanza un buen contacto y llega a sentirse especialmente pleno, pero esa experiencia suele quedar rota por cualquier pequeño signo del otro que le sugiera condicionalidad. Resulta muy difícil que su vida afectiva sea estable y duradera. La actitud es de no involucrarse, no comprometerse y tomar la mayor parte de las relaciones con los otros y con el mundo como si fuesen pasajeras. A veces, descubren que el invasivo vacío de «la pérdida» termina devorando su propia capacidad de amar.

Trastorno depresivo

Se habla de «trastorno depresivo» cuando, más allá de cualquier rasgo estable de carácter, irrumpen síntomas depresivos de variable grado de severidad.
El pesimismo y la desesperanza invaden al paciente debilitando su voluntad y generando sentimientos de «vacío de sentido» que se extienden sobre vastas áreas de su vida. Conjuntamente, declina también el deseo de vivir. Las tonalidades de las emociones desagradables (mayormente apatía, tristeza y soledad) desalojan toda capacidad de experimentar satisfacción.

La imagen que el individuo tiene de sí mismo se encuentra profundamente devaluada. El pensamiento hacia su propia persona se impregna de severas autoacusaciones y reproches. Las ideas de suicidio casi nunca están ausentes en las crisis depresivas severas y pueden representar el intento extremo de escapar a una situación subjetivamente sentida como irresoluble o como sufrimiento intolerable.

Su tratamiento

La tendencia a deformar sus experiencias, malinterpretando acontecimientos irrelevantes que son tomados como fracaso o rechazo personal, hace que una parte importante de la labor se oriente a rectificar sus sesgos cognitivos.
Se trata de que el paciente se torne consciente de los mecanismos que retroalimentan su estado depresivo y pueda suplantarlos por modos más conducentes de ver su realidad.

Trastornos de ansiedad

Existen otras modalidades de afección psíquica en los cuales sólo ciertos sectores de la personalidad operan disfuncionalmente. Tal es el caso de los denominados «trastornos de ansiedad», que pueden presentarse en distintos tipos de personalidades y constituyen una de las causas más frecuentes de consulta.

La ansiedad es una emoción de carácter temeroso que se experimenta como presentimiento aciago. El factor **anticipación** mental resulta aquí decisivo, y toma la forma de una intuición impregnada de fatalista certeza que anuncia que «algo malo va a pasar». Cuando la emoción temerosa se articula con algo objetivo y concreto, la llamamos «miedo». Pero otras veces eso no ocurre y lo que aparece es una sensación difusa, sin referente real localizable. Es allí donde empleamos propiamente el término «ansiedad», o a veces «angustia». La ansiedad, incluso el miedo, siempre van acompañados por un cortejo de reacciones somáticas notorias. Rara vez pasa algo tan intenso con otras emociones.

Función de la ansiedad

Cierta dosis de ansiedad incita positivamente a la acción, mantiene el alerta y permite enfrentar una situación de amenaza. Pero otras veces ocurre lo contrario, y la ansiedad bloquea una reacción conveniente o incluso crucial. Cuando esto ocurre estamos frente a algún «trastorno de ansiedad».

En los TA pueden producirse estados de ansiedad permanente sin causa identificable que los justifiquen. Como consecuencias, muchas personas encuentran dificultades serias en sus desempeños y propósitos, que se traduce en un estrechamiento importante de su horizonte vital. En ocasiones pueden ocurrir «ataques de ansiedad» tan intensos y a la vez incomprensibles, que quien los experimenta puede caer en pánico.

Trastorno de ansiedad generalizada (TAG)

El trastorno de ansiedad generalizada (TAG) se caracteriza por un estado de preocupación y tensión crónicas, aún en ausencia de situaciones concretas que los justifiquen. A veces, la preocupación, informe y errante, logra concretarse en un tema: salud, familia, situación económica, etc.

Las cuestiones sobre las que se anhela mayor seguridad terminan acechadas por una amenaza potencial e imaginaria. En otros casos, la angustia permanece difusa y la persona «se siente mal» sin lograr atribuir ese estado a algo preciso. Con frecuencia, estos estados se ven acompañados de manifestaciones somáticas variadas: taquicardias, palpitaciones, parestesias (sensación de hormigueo), «nudo en la garganta», sensación de mareo o de inminencia de desvanecimiento, cefaleas, irritabilidad, falta de aire, etc. No es infrecuente la presencia de afectos depresivos asociados: tristeza, desgano, desesperanza.

Admite varios grados de gravedad. Cuando es leve, no obstruye notoriamente el rendimiento o las actividades de quien lo padece, pero en casos serios puede llegar a ser sumamente invalidante. Suele presentarse al principio de la edad adulta y atenuarse con el paso de los años. Puede también evolucionar hacia fobias más estructuradas o expresiones hipocondríacas.

Trastorno de pánico (TP)

El «ataque de pánico» es capaz de sobrevenir súbitamente, y sin causa externa que lo explique. Casi siempre se acompaña de síntomas físicos, tales como:

- Palpitaciones, taquicardias.
- Sudoración, temblores.
- Sentimiento de ahogo.
- Opresión en el pecho.
- Náusea o dolor abdominal.
- Vértigo, sensación de desvanecimiento. Mareos.
- Vivencias de irrealidad. Sentimientos de extrañeza del propio cuerpo.
- Miedo a perder el control o volverse loco.
- Miedo a morir.
- Parestesias (hormigueos), en manos y antebrazos principalmente.
- Ardores, intensos escalofríos.

Esta penosa experiencia (que rara vez dura más de 10 minutos) tiende a repetirse después de una imprecisa cantidad de días. Cuando ello ocurre se dice que la persona padece de un «trastorno de pánico» (TP). Si no se lo trata debidamente, puede evolucionar hacia la cronicidad alternando recrudecimientos y mejorías, hasta menoscabar notablemente el desarrollo personal.

Ciertas crisis vitales logran ser disparadoras del trastorno: problemas laborales, separaciones, migraciones, ruptura de una relación, pérdida de los referentes habituales de la vida. Tiene una edad típica de comienzo que oscila entre los 20 y los 30 años.

Tratamiento para un trastorno o ataque de pánico

Numerosos estudios en los últimos años han permitido diseñar tratamientos eficaces que combinan la psicoterapia y la medicación (especialmente en la fase aguda). La psicoterapia de elección incorpora aspectos cognitivos-conductuales e incluye técnicas de relajación y de desensibilización sistemática. Un punto especialmente relevante es que el paciente logre dominar su tendencia a la interpretación catastrófica de los síntomas somáticos que su propia ansiedad genera y que da origen a un círculo vicioso de intensidad creciente. El abordaje terapéutico adecuado y precoz de este trastorno es esencial para un pronóstico favorable.

Fobias

Las fobias son miedos irracionales a objetos o situaciones culturalmente no concebidos como peligrosos. Las personas que las padecen son conscientes del carácter injustificado o desmedido del temor, pero ese saber les resulta inútil para superarlo.

Los temas de las fobias son innumerables, pero entre los típicos se encuentran: ascensores, túneles, aviones, muchedumbre, espacios cerrados, sangre, altura, perros, arañas, serpientes, murciélagos. Pertenecen a una categoría especial aquéllos que se organizan en torno a una escena social: hablar en público, ruborizarse, asistir a una fiesta, hablar con extraños... Comúnmente, estas conductas son rotuladas como «fobias sociales».

Es habitual que los niños tengan fobias, pero la mayoría declina con el crecimiento. Más persistentes son las que se originan en la adolescencia o en la edad adulta, que afectan con distinta severidad a un 10% de la población aproximadamente. Los intentos por eludir enfrentarse con la situación temida pueden producir serias obstrucciones en su vida cotidiana o en sus proyectos, y constituir el motivo usual de búsqueda de ayuda.

Su tratamiento

Las terapias conductuales y las cognitivo-comportamentales tienen buenos resultados en las fobias simples. Técnicas como la desensibilización progresiva y la exposición constituyen aquí un recurso más eficaz que el esfuerzo centrado en los causantes del síntoma. En los casos de fobia social se provee al paciente de técnicas para reducir la ansiedad y distenderse. También se busca desarrollar habilidades sociales y reforzar conductas asertivas.

Trastorno obsesivo-compulsivo (TOC)

Las personas con trastorno obsesivo compulsivo (TOC) se encuentran en permanente esfuerzo por controlar, suprimir o neutralizar ciertas ideas o impulsos que con carácter elevadamente pertubador se les imponen de modo insistente y contra su propia voluntad. Son conscientes del carácter absurdo e intrusivo que poseen, pero la lucha para eliminarlos sólo logra agravar el problema. A veces, estas ideas toman un carácter sacrílego, una especie de atentado, contra lo que más se venera.

A veces, los síntomas toman la forma de una proposición consecuencial del tipo «Si A, entonces B». Pero animada por una lógica supersticiosa, que anuncia un resultado catastrófico.

También se expresan como necesidad imperiosa de ordenar objetos de cierto modo en particular, sin ninguna finalidad práctica. Con frecuencia toman precauciones irracionales respecto de la posibilidad de contaminación o de contagio. Existen «fobias al contacto», por las que se trata de evitar a toda costa el contacto físico con algo. Otras veces, al contrario, aparece la necesidad perentoria de tocar determinados objetos, o de verificar haber hecho algo. El aseo personal suele ser objeto de una atención exagerada, llegando a veces a convertirse en un rito privado que demanda horas. Todos los síntomas apuntados se acompañan de dudas, vacilaciones e indecisiones constantes.

Las ideas o acciones que secundariamente suelen llevarse a cabo para neutralizar los pensamientos o impulsos obsesivos se denominan «compulsiones».

Las actividades cotidianas, el rendimiento personal o laboral, e incluso las relaciones interpersonales pueden resultar severamente interferidas por la tenacidad que presenta esta constelación sintomatológica.

El trastorno obsesivo-compulsivo suele iniciarse de modo gradual en la adolescencia o a principios de la edad adulta, aunque pueden presentarse manifestaciones en la infancia. El origen de este trastorno todavía es incierto. Algunas investigaciones sugieren la presencia de un componente orgánico, no como causa única pero sí como factor interviniente. Presenta también una asociación no biunívoca con el trastorno obsesivo de la personalidad.

Obsesiones: Ideas, pensamientos, imágenes o sonidos recurrentes y persistentes que invaden la conciencia del enfermo. Las obsesiones son *egodistónicas*, es decir, son vividas por lo menos al comienzo como pensamientos repugnantes y sin sentido, que el enfermo intenta denodadamente ignorar o suprimir.

Compulsiones: Conductas repetitivas y orientadas a un fin que se ejecutan según determinadas reglas, en forma estereotipada y en respuesta a una obsesión.

Su tratamiento

Un tipo de terapia de comportamiento denominada «prevención por exposición y respuesta» ha demostrado efectividad en la atenuación sintomática.

Bibliografía básica

Enfoque conductista

- Malott, R. W. y Trojan, E. A. (1999). *Principios elementales del comportamiento.* México: Prentice Hall.
- Pérez Alvarez, M. (1996). *La psicoterapia desde el punto de vista conductista.* Madrid: Biblioteca Nueva.
- Ribes Iñesta, E. (1991). *Teoría de la conducta.* México: Trillas.
- Segura Galvez, M., Sanchez Prieto, P. y Barbado Nieto, P. (1995). *Análisis funcional de la conducta.* Universidad de Granada.
- Skinner, B. F. (1953). *Ciencia y conducta humana.* México: Trillas.

Enfoque cognitivo

- Caro Gabalda, I. (compiladora) (1997). *Manual de psicoterpias cognitivas.* Paidós.
- Beck, A. T. (1979). *Terapia cognitiva de la depresión.* Bilbao: Desclée de Brouwer.
- Bruner, J. (1991). *Actos de significado.* Madrid: Alianza.
- Safran, J. D. y Segal, Z. V. (1991). *El proceso interpersonal en la terapia cognitiva.* Barcelona: Paidós.

Enfoques humanísticos

- Frankl, V. (1946). *El hombre en busca de sentido.* Herder.
- Perls, F. (1986). *El enfoque gestáltico.* Santiago de Chile: Cuatro vientos.
- Rogers, C. (1972). *Psicoterapia centrada en el cliente.* Buenos Aires: Paidós.
- Yalom, I. D. (1980). *Psicoterapia existencial.* Barcelona: Herder.

Enfoque vivencial

- Geemberg, L. S., Rice, L. y Elliot, R. (1996). *Facilitando el cambio emocional.* Barcelona: Paidós.

Enfoque psicodinámico

- Freud, S. (1873-1938). *Obras completas.* Madrid: Biblioteca Nueva.
- Lacan, J. *Escritos* I y II (Siglo XXI). *Seminarios* (1-21). Buenos Aires, Paidós.

Enfoque sistémico

- Bateson, G. (1972-1991). *Pasos hacia una ecología de la mente.* Buenos Aires: Planeta.
- Ackerman, N. W. (1966). *Diagnóstico y tratamiento de las relaciones familiares.* Buenos Aires: Hormé.

Trastornos de la personalidad

- Millon, T. y Everly, G. S. (1985). *La personalidad y sus trastornos.* Barcelona: Martinez Roca.

Links

Historia de la psicología
http://www.psicoactiva.com/historia/histo1.htm

Teorías de la personalidad
http://www.ship.edu/%7Ecgboeree/personalidad.html

Psicopatología
http://www.psiquiatria.com/

Psicología y psicoterapia cognitiva
http://www.cop.es/colegiados/A-00512/psicologia.cognitiva.html
http://www.psicologia-online.com/ESMUbeda/Libros/Manual/manual.htm

Conductismo
http://www.conductitlan.net/conductismo.htm
http://www.conducta.org/
http://www.comportamental.com/

Psicoanálisis y enfoques psicodinámicos
http://www.psicomundo.org/psicoanalisis.htm
http://www.psicoanalisis.org/
http://www.aperturas.org/

Enfoques humanísticos
http://www.geocities.com/Nashville/Stage/9882/gestalt.html
http://www.cop.es/colegiados/M-15334/
http://www.casaviktorfrankl.com/

Enfoques sistémicos
http://www.redsistemica.com.ar/
http://www.asociacionsistemica.com.ar/

Asociaciones instituciones y escuelas
http://www.psicolink.com/asociaciones.asp

El autor

Julio Lo Bianco cursó la carrera de Ciencias físico-matemáticas en la Universidad de La Plata y se graduó luego de psicólogo en 1978, en la Universidad de Buenos Aires. Actualmente es profesor con dedicación semi-exclusiva de la Cátedra de Salud Mental de la Facultad de Medicina de la UBA, y ha alcanzado veinte años en la suma de sus funciones como docente. Ha realizado posgrados en cada uno de los grandes modelos teóricos de la psicología y la psicoterapia. Como investigador especializado en métodos tanto cuali como cuantitativos, ha publicado artículos en *Clinical Psychology and Psichoterapy* y *Psichoterapy Research*, y presentado trabajos en congresos nacionales e internacionales.

Desempeña en la Ciudad de Buenos Aires su labor como psicólogo clínico en forma privada.

La ilustradora

Eulogia Merle nace en 1979, en Buenos Aires. En 1999 comienza a trabajar ilustrando clásicos literarios: *La vida de las abejas,* de Maurice Maeterlink; *La Celestina,* de Fernando de Rojas; *Cumbres borrascosas,* de Emilie Brontë; *Rashomon,* de Ryunosuke Akutagawa; *Benito Cereno,* de Herman Melville; *La Peste,* de Albert Camus; *El Quijote de la Mancha,* de Miguel de Cervantes; *La conciencia de Zeno,* de Italo Svevo, etc. También, libros de texto y cuentos infantiles para las editoriales Edelvives y Planeta. Es colaboradora del diario *La Nación* (Argentina), *El País* (España) y de su suplemento literario «Babelia», ilustrando textos de Tomás Eloy Martínez, Antonio Lobo Antunes, Fontanarrosa, Fogwill, Vila-Matas, y de las revistas *Letras Libres* (México) y *Living* (Argentina).

Actualmente vive y trabaja en Buenos Aires y Madrid.